CASIMIRO CASTRO

y su taller

CASIMIRO CASTRO

y su taller

Carlos Monsiváis

Guadalupe Jiménez Codinach

Ricardo Pérez Escamilla

Fausto Ramírez

Roberto L. Mayer

María Elena Altamirano Piolle

CIUDAD DE MÉXICO

Palacio de Iturbide

Mayo - Julio 1996

TOLUCA

Museos José María Velasco y Felipe S. Gutiérrez

Septiembre - Noviembre 1996

 INSTITUTO
MEXIQUENSE
DE CULTURA

 Fomento Cultural Banamex, A. C.

Portada: *Proyecto para carátula del calendario Víctor Debray para 1876*. Acuarela sobre papel. Cat. 194
Página 2. *Palacio Nacional* (detalle). Litografía acuarelada y tinta. Cat. 4
Página 4. *Túnel No. 10 Infiernillo* (detalle), 1874. Acuarela sobre papel. Cat. 62
Páginas 8 y 9. *Combate frente a la Ciudadela*. Litografía a color. Cat. 3

© 1996 Fomento Cultural Banamex, A.C.
Madero 17, Colonia Centro, México 06000, D.F.
ISBN 968-7009-50-0

CONTENIDO

La exposición y el catálogo sobre *Casimiro Castro y su taller* han contado con el decidido apoyo del Gobierno del Estado de México y del Banco Nacional de México S.A. Agradecemos el interés del Lic. César Camacho Quiroz, Gobernador del Estado de México, por colaborar con esta iniciativa que rinde homenaje a un gran artista mexiquense.

PRESENTACIÓN

La vida y la obra del ilustre artista mexiquense Casimiro Castro, es un referente estético que, gracias a la inusitada difusión que su trabajo litográfico ha tenido a través de los más diversos medios, se encuentra en lo más profundo del "imaginario" que los mexicanos nos hemos formado sobre nuestro pasado decimonónico.

Sin embargo de ello, la presencia omnímoda de las principales láminas de *México y sus alrededores* y de *El Ferrocarril Mexicano,* no ha dado lugar hasta la fecha a una revisión completa del significado de esas obras y de su relación con la vida de Castro y con la historia de esa etapa formativa, —hasta en lo geográfico— de nuestro país.

La exposición y el catálogo que presentamos en esta oportunidad, constituyen una aportación fundamental al conocimiento académico sobre la vida y la obra de Casimiro Castro.

Los textos que forman el libro que el lector tiene en sus manos, abordan desde múltiples facetas la personalidad del autor, las circunstancias históricas en que su vida ocurrió, el análisis de sus relaciones con otros creadores de la época y el del propio desarrollo de su obra artística, y las características técnicas de su obra litográfica así como de su labor como dibujante.

La exposición incluye, como núcleo central, más de 200 dibujos y acuarelas, conservados originalmente por un discípulo anónimo del artista, acompañados por las láminas litográficas de las primeras ediciones de sus obras.

El análisis comparativo y la investigación documental que los prestigiosos autores de los textos han aportado, están íntimamente vinculados a estas imágenes, alrededor de los temas del paisaje urbano y rural, de los diversos tipos sociales de la época y sus costumbres, de la presencia modernizadora del ferrocarril, el telégrafo, las obras hidroeléctricas y las fábricas, así como de los dibujos promocionales de casas de industria y de comercio y de esbozos diversos de elementos naturales y de dibujos de arquitectura.

La correspondencia entre los acuciosos y reveladores textos de los investigadores y las imágenes que integran la exposición, nos permite hoy tener un conocimiento más sólido sobre la importancia de la obra de Casimiro Castro en la conformación de una imagen de "identidad" nacional, que hemos hecho nuestra al paso de los años, por encima de las enormes diferencias y desigualdades que se manifestaron durante la primera centuria de vida independiente de México.

Esperamos que este esfuerzo por contribuir en el rescate y difusión del patrimonio cultural de México, permita al público ver con nuevos ojos la obra de un artista fundamental en la construcción estética de lo mexicano, pues fue capaz de ser testigo fiel de las transformaciones que se dieron durante el intenso siglo diecinueve en nuestro país, produciendo obras que son hoy, en el mejor sentido de la palabra, "lugares comunes" del arte mexicano, aquéllos en que todos podemos reunirnos e identificarnos para ver el pasado desde un observatorio estético de excepcional calidad.

INSTITUTO MEXIQUENSE DE CULTURA   FOMENTO CULTURAL BANAMEX, A.C.

Fuente del Salto del Agua. Litografía a color. Cat. 5

CASIMIRO CASTRO, PAISAJISTA DE COSTUMBRES, MULTITUDES Y SOLEDADES

CARLOS MONSIVÁIS

Casimiro Castro (1826-1889) es el primero en re-crear, con notable firmeza, un panorama de la capital del México independiente, ya no la suma de las partes ni la mezcla de ciudad criolla y orbe mestizo, sino la entidad "súbitamente integrada" donde cuajan la herencia del virreinato y los impulsos novedosos. Para la tarea él se encuentra particularmente dotado. Nace en Tepetlaoxtoc en el seno de una familia de escasos recursos y, desde muy joven elige el medio de las artes gráficas, en donde trabaja con el extraordinario litógrafo Pedro Gualdi, el autor de *Monumentos de México*. Luego, en 1849, en la imprenta de Ignacio Cumplido, una institución extraordinaria, Castro establece su prestigio con las cuatro litografías de la *Descripción de la solemnidad fúnebre con que se honraron las cenizas del héroe de Iguala don Agustín de Iturbide en octubre de 1838*. En una de estas litografías, la del paseo de las cenizas en la Plaza Mayor, Castro establece un tema que le será característico, la multitud cuya densidad disuelve contrastes y diferencias. Las demás litografías de la *Solemnidad fúnebre* tienen calidad técnica pero son, en última instancia, convencionales. En cambio, la recreación del paseo de las cenizas ya anuncia la armonía de los contrastes, el trazo nítido de paisajes urbanos que definirán a lo mejor de una obra. Para Castro lo relevante de la ciudad son la multitud y

la relación entre los individuos y los edificios y, en ese orden de cosas, resulta un gran precursor. Él inicia lo que se volverá un hábito de artistas nacionales y de viajeros, la idea de que a la capital de México la constituye, más que ningún otro elemento, el abigarramiento.

En un trabajo indispensable ("Arriba el telón. Los litógrafos mexicanos. Vanguardia artística y política del siglo XIX", en *Nación de imágenes*. Museo Nacional de Arte, 1994), Ricardo Pérez Escamilla recuerda la propensión conservadora de Castro, partidario de pompas imperiales y circunstancias de religión y fueros. (Marte R. Gómez, un entusiasta de Castro, informa de una litografía exaltadora de las fuerzas francesas de ocupación que Castro por prudencia comprensible, ya no publicó.) Pero el partidarismo de Castro no repercute mayormente en su trabajo. Como la mayoría de los litógrafos comerciales de su época (y en el término *comerciales* no hay carga peyorativa alguna), Castro subordina los factores ideológicos a los motivos de regocijo popular, de atracción estética y de turismo incipiente. Para él lo fundamental es el nivel de calidad, y la "ideología dominante" es a fin de cuentas la lealtad a quienes favorecen su trabajo. (La actitud de los dibujantes satíricos, militantes arriesgadísimos, es precisamente la opuesta).

En su entendimiento de las imágenes fundamentales de la ciudad de México, Castro se guía por su intuición y por las señales de una nación que, en medio del caos, busca las pruebas de su singularidad. Si el modelo de la élite mexicana es europeo, conviene subrayar las semejanzas ideales o reales con los escenarios de Londres o París; si las masas que emergen son mestizas e indígenas, hay que mostrarlas equilibrando las pretensiones de la ciudad criolla. En el siglo XIX la ciudad de México requiere de un proyecto que neutralice el fatalismo, y los primeros en intentarlo, artistas europeos fundamentalmente, se proponen intensificar las semejanzas con formas de vida ya no específicamente criollas. En pos del ideal (la ciudad a medio camino entre las tradiciones y las innovaciones). Castro, sin asumirlo ideológicamente, expresa en su obra culminante, *México y sus alrededores,* una idea más devocional que estética: los puntos magistrales de la ciudad —las iglesias y los paseos y los centros de poder y de la devoción— le infunden grandeza a sus habitantes. De acuerdo a tal criterio, es la ciudad la que le otorga cohesión y sentido de amplitud externa e interna a los capitalinos; es la ciudad la forjadora del sentido solemne y divertido de la existencia. ¿Cómo no tener ambiciones si se participa en ceremonias portentosas, y se es testigo de la continuidad urbana en medio de luchas intestinas, invasiones y desastres del erario? El país es una continua revuelta, y la prueba mejor de que podría ser distinto es la vida religiosa y social en la capital. Por así decirlo, en la entidad llamada *México,* la ciudad es la forma y sus habitantes el contenido.

En el determinismo intervienen razones del poder y de la costumbre. Si las instituciones —la Iglesia, el Estado, la Sociedad— lo son todo, quien vive sujeto a sus demandas interioriza, como si se tratara de ordenanzas anímicas, a los edificios, los sitios públicos y las instituciones, y se liga a lo que le gobierna como si su obediencia y su estupor fuesen reflejos condicionados de la mirada y de la conversación. En esta perspectiva se ubica lo descrito por Richard Sennett en *La caída del hombre público,* la operación gracias a la cual se forma "lo público" con la integración de diversos grupos, "lo cual significaba no sólo una región de la vida social localizada fuera del ámbito de la familia y los amigos cercanos, sino también el que este ámbito público de conocidos y extraños incluía una diversidad de gente relativamente amplia".

A Castro le corresponde dar testimonio litográfico de esa ciudad que, de acuerdo al criterio no por silenciado menos tiránico, es el equivalente de la Historia que avanza. De allí la importancia de *México y sus alrededores* (la primera versión: 1855-56; la segunda de 1862; la tercera de 1874, y la cuarta y menos interesante de 1878, ya de cromolitografías). Al revisar los escenarios más notables, Castro ni discrepa de lo constituido, ni se atiene a los puntos de vista del "respeto". Él deposita en la piedra litográfica el resultado estricto de su mirada, y certifica la intensidad de la mezcla a su disposición. Allí se entreveran los caballeros y las señoras de las Mejores Familias (entonces sólo disponen de Familia los poseedores de un patrimonio regular), los militares, los comerciantes, los indígenas, los niños de los burgueses y los niños de los léperos, los curas y los obispos, los vendedores, los mendigos, los del barrio. Son versiones a la fuerza democráticas. Escribe Francisco Zarco en su texto sobre la Fuente del Salto del Agua: "El arrabal es la verdadera patria de la gente del pueblo; la fuente del Salto del Agua es la lonja, es el casino, es la alacena de Latorre o la librería de Andrade de la gente del barrio. Allí no se habla de Sebastopol ni de negocios de agio, ni se comentan las noticias del "Orizaba", pero allá se cuentan los últimos instantes de los ahorcados, se leen las despedidas de éstos, se habla de los precios de los efectos de primera necesidad, se desempeñan comisiones buscando cocineras y recamareras, se oyen quejas contra los "padres del agua fría", que no dejan

Fachada de una casa. Lápiz sobre papel. Cat. 172

tiempo para acabar en el mostrador un vaso de pulque; hay curiosas escenas de amor popular de celos, luchas individuales…"

Castro ni es un cronista ni deja de serlo. Lo que a él le toca es captar los instantes congelados de lo urbano. Y, en un alarde precinematográfico, Castro muestra a sus personajes interactuando, con énfasis que hoy parece pintoresquismo y fue entonces el costumbrismo que aspiraba al registro fiel. Así por ejemplo, en la litografía *Casa municipal*, un joven lépero de pantalones raídos, mete la mano en el bolso de un pobre, mientras un policía arresta a un joven, y otro gendarme, o rechaza o se muestra indiferente ante las quejas de la compañera del detenido. Allí la crónica visual es un inventario de tipos, de hábitos represivos, de indiferencia social, de energía que refuerza las tradiciones de la marginalidad. O véase una litografía portentosa, *La calle de Roldán y su desembarcadero*, admirablemente coloreada a mano, una escena como extraída de *Los bandidos de Río Frío*. Sin duda, se trata del clímax de la representación popular en el México del siglo XIX, del frenesí de compraventa que llamamos tianguis y que desde el principio distingue a la capital. Castro todo lo incluye en su dibujo litográfico: la multitud que se distribuye con armonías inesperadas, los poderes del abastecimiento,

Los pintos de Don Juan Álvarez en la calle de San Juan de Letrán. Lápiz sobre papel. Cat. 8

Basílica de Guadalupe. Acuarela y tinta sobre papel. Cat. 6

Palacio de la Diputación. Litografía acuarelada. Cat. 7

Álbum: *México y sus alrededores.* Lám. *La calle de Roldán y su desembarcadero.* Litografía a color.

Glorieta central de la Alameda, 1865.
Lápiz sobre papel. Cat. 23

la variedad y la uniformidad de los tipos humanos, la paciencia y la prisa, el laberinto y las figuras que se cuelan entre los intersticios de la masa. Y vigilando el conjunto, un monje, la autoridad posible ante los motines del apretujamiento.

Castro, por fuerza, retrata el universo indígena en la ciudad, entonces el paisaje omnipresente al que no se le concede atención, la ubicuidad invisible por así decirlo. Véase *Camino de Tacubaya a Chapultepec. Trajes de indios mexicanos.* Lo que hoy llamaríamos registro etnográfico, es en 1844 o 1856 la inscripción de los seres que no pertenecen ni pueden pertenecer, que miran y son observados con extrañeza. Están allí en calidad de "alrededores" y Castro, que lo sabe, no los retrata con superioridad alguna. Él, en tanto artista, se propone la objetividad.

Mira el paisaje: inmensidad abajo,
inmensidad, inmensidad arriba
Manuel José Othón

Castro, anota Pérez Escamilla, combinó la educación formal y el autodidactismo. No hay de otra en esa etapa, las escuelas de arte son más bien pobres y los conocimientos substanciales se adquieren gracias a la tradición del artesanado, en la relación del maestro con el aprendiz, del maestro con el cliente, del maestro con la necesidad de renovar su maquinaria, del maestro con un "gusto de la época" que tarda en cambiar. Y esta formación voluntaria e involuntaria se rige por la impresión que Castro comparte: la ciudad es un paisaje, y la sociedad es un paisaje dentro del paisaje, y en última instancia, el paisaje lo es todo, la noción de vastedad o de grandeza. La naturaleza física y la naturaleza social tienen en común el desbordamiento. Y el paisaje es el gran escenario de las jerarquías. Si se va a los paseos, a los recibimientos de gobernantes, a los teatros, a los atrios de iglesia, a las ceremonias religiosas, es para localizar el regocijo que la ciudad admite y, de paso, extraer identidad de la multitud. En los paseos, Alguien es aquel contemplado por alguno.

Y hay que adiestrarse en materia de paisaje, para contemplar lo más cerca posible a los rituales del mando y los ejes de la devoción, verificando el sitio propio y el ajeno. En este sentido, las litografías de Castro son alternativamente mapas jerárquicos y visiones del igualitarismo que las aglomeraciones conceden. A veces el paisaje es un pretexto para resaltar lo típico, que tiende a lo abstracto, y así, una litografía sobre trajes mexicanos no deja dudas sobre el carácter deshumanizado de sus protagonistas, modelos de la tipicidad. A veces es un puro despliegue de la belleza, como en la litografía *El Valle de México, tomado desde las alturas de Chapultepec,* donde la solemnidad del castillo complementa la grandeza del paisaje sin edificios y colonos. Pero en el país nuevo, y de esta perspectiva Castro no se despega, un litógrafo no le halla demasiado sentido a la intimidad. ¿A quién le interesa una escena conyugal pudiendo contemplar a la Sociedad que es la Nación, o a la familia numerosa que es la Patria? Describir lo público es ir hacia la civilización. Si la naturaleza es también social, que las clases sociales sean especies, y que los grandes acontecimientos sean explosión de los sentidos.

La escenografía de las quietudes.
Ya no importa el color, sino lo claro
Carlos Pellicer

En las acuarelas que preparan el *Álbum del Ferrocarril Mexicano* (1878), Castro exhibe la preparación académica que sí tuvo, y su voluntad romántica. Él, más por formación de época que por deliberación per-

Álbum: *México y sus alrededores*. Lám. *Casa Municipal o Diputación*. Litografía a color.

Tramo de la vía del ferrocarril mexicano. Tinta y acuarela sobre papel. Cat. 66

Tacubaya, Cartagena.
Acuarela sobre papel. Cat. 11

Infiernillo. Lápiz sobre papel. Cat. 71

sonal, cree en las calidades poéticas del paisaje, en un siglo donde la contemplación de la naturaleza es un arte y una técnica, ejercibles por quienes anhelan un rango espiritual. Castro, queriéndolo o no, incorpora a las acuarelas que darán origen a las litografías, las normas de la contemplación poética, propias de una cultura que compagina el sentido del lugar con el sentido del tiempo. Entonces, el paisaje agreste o desolado es poesía de la más alta calidad, y requiere para su debida asimilación de quietud y desvanecimiento de cualquier prisa. Y los paisajes que Castro elige —La Bota, El Infiernillo, La Peñuela, El Sumidero—, para que atestigüen el paso del ferrocarril, son del tipo que se asocia con el mundo anterior a la historia y la técnica, sorprendido de pronto por la violencia civilizada.

Escribe Antonio García Cubas: "La imaginación no puede concebir una idea más grandiosa que la que nos representa el ascenso de la locomotora invadiendo la morada de las águilas, y dejando en el camino recorrido una estela humeante que poco a poco se disipa entre el verde follaje de los bosques..." El tiempo sin tiempo de la naturaleza se deja fechar por la irrupción de las vías férreas, que, para los mexicanos de la era del Progreso es la idea más grandiosa. Castro, en su desempeño profesional, no necesariamente comparte el asombro por así decirlo positivista ante la magnificencia de la técnica, pero sí combina el deslumbramiento del paisajista con la puntualidad del cronista, y deja fluir en sus acuarelas el doble asombro: ante la mano de Dios (entonces el autor infalsificable de la Naturaleza), y ante la mano del hombre que lo desafía todo con tal de dar constancia de su avance.

Castro es el viajero alborozado con la perfección de la naturaleza social, y es quien comparte las sensaciones de pasmo de García Cubas, que escribe al recordar El Infiernillo: "...Aquel abismo en cuyo fondo apenas se perciben las agitaciones del auge en un cauce erizado de peñascos; aquellas paredes acantiladas o de pendiente inversa, de cuyas desnudas rocas se ven flotar sobre el abismo los ramos de la higuerilla, en fin, todo aquel conjunto, a pesar de la grandiosidad del espectáculo, infunde en el ánimo del viajero el mayor pavor y sobresalto al mirarse, como las águilas, recorriendo el espacio en virtud de un leve apoyo, remontándose sobre los valles y las selvas, y salvando barrancas y precipicios".

Esta es la intención de *El Ferrocarril Mexicano*: dar cuenta del triunfo del hombre sobre la naturaleza, y de la naturaleza sobre el hombre. Castro es coleccionista de paisajes, y diseminador de sensaciones límite. Él podría exclamar como Manuel José Othón: "Flota en todo el paisaje tal pavura/ como si fuera un campo de matanza". Pero él también podría celebrar las victorias de la maquinaria sobre el pasado pétreo. En última instancia, al disponer de tantos puntos de vista, o al incorporar a su trabajo las exigencias visuales del cliente, Casimiro Castro sabe de los valores, presentes en las artes gráficas, del silencio y el estrépito, de las montañas y las multitudes. Él, un obrero sin pretensiones, es al cabo de los años, uno de los retratistas, cronistas y paisajistas más notables del siglo XIX mexicano.

San Ángel tomado por el camino que va a Contreras. Lápiz sobre papel. Cat. 14

Proyecto para carátula "México Independiente". Litografía acuarelada. Cat. 193

CASIMIRO CASTRO
Y SUS ALREDEDORES
1826-1889

Guadalupe Jiménez Codinach

Corría veloz el año de 1821. En febrero se había proclamado el Plan de Iguala, documento conciliatorio elaborado por Agustín de Iturbide con la ayuda de varios amigos, abogados y clérigos que buscaban la separación amistosa y pacífica entre la Nueva España y la antigua Madre Patria. El éxito de este plan de independencia fue rotundo pues unía las voluntades y los corazones de los más diversos sectores novohispanos: el humilde aguador de la capital y el alto dignatario eclesiástico, el antiguo guerrillero insurgente y el antiguo oficial realista. En 1821 casi todos en la Nueva España eran "independientes" y "trigarantes", es decir, soldados de las tres garantías que proponía el ahora famoso plan: *Unión, Religión e Independencia.*

Los Tratados de Córdoba fueron firmados el 24 de agosto por Agustín de Iturbide, como Jefe Superior del Ejército Imperial de las Tres Garantías, y por don Juan O'Donojú, famoso liberal español, en su calidad de nuevo Jefe Político Superior y Capitán General de la Nueva España. El documento señalaba como capital del Imperio Mexicano a la ciudad de México. Ahora México, la capital tenochca y novohispana, daba nombre al nuevo país independiente.

La mañana del 27 de septiembre de 1821 trajo un inolvidable regocijo para los capitalinos. Desde muy temprano se veían ondear los gallardetes, las banderas y los listones tricolores. El verde, blanco y rojo adornaban las principales calles de la nueva capital: colgaban de los balcones y de las trenzas femeninas, daban vida a las escarapelas de los sombreros masculinos y se enseñoreaban de los arcos triunfales construidos para la magna ocasión. A las 10 de la mañana entró el ejército trigarante a la ciudad, acto que simbolizó la independencia de la nueva nación. Los 16,000 hombres que desfilaron aquella mañana no imaginaron los tropiezos y dificultades que acechaban al naciente país. La unión resultaría frágil, la religión sería hollada a consecuencia de pugnas políticas interminables y la independencia difícilmente sería mantenida ante la ambición extranjera y doméstica.

Sólo un lustro había transcurrido desde aquel feliz 1821, cuando nace Casimiro Castro cerca de la ciudad capital. Él y la nación, crecerán juntos y compartirán los traspiés de la primera infancia, vivirán las angustias y el optimismo de la adolescencia, desarrollarán la creatividad y la energía de la juventud, saborearán los gozos y las penas de la madurez y el sinsabor de la prematura vejez. Casimiro muere al iniciarse el tercer periodo presidencial de don Porfirio Díaz, cuando se perfilaban barruntos de una tempestad que estallaría en la primera década del siglo XX. La vida de Ca-

Etiqueta para "Fábrica de Tabacos El Borrego y La Asturiana". Tinta y acuarela sobre papel. Cat. 202

Proyecto para etiqueta "Vainilla Superior Mexicana". Tinta y acuarela sobre papel. Cat. 198

simiro Castro, notable dibujante, litógrafo y artista del pincel, transcurre a lo largo de años cruciales para nuestra patria; por tanto, su obra nos lega un testimonio gráfico de este lento crecimiento de la nación mexicana, particularmente a través de sus magníficas representaciones de la capital mexicana y de otros jirones de la provincia, en varios momentos de sus agitadas historias.

Al igual que su contemporáneo Guillermo Prieto —el ameno cronista de la ciudad de México— Castro nos permite adentrarnos y observar —delineado en lápiz y a colores— ese penoso y gozoso transcurrir del México independiente. Sin los testimonios literarios y gráficos de estos dos contemporáneos, Prieto y Castro, resultaría limitada nuestra visión de los periodos en que nuestro país se conformó y se convirtió en una nación independiente y soberana.

Es posible identificar las principales etapas de la vida de Casimiro Castro con épocas cruciales del México independiente: *infancia* (1826–1839), *adolescencia* (1839–1848), *juventud* (1848–1858), *edad adulta* (1858–1868), *madurez* (1868–1884) y los *últimos años del artista* (1884–1889). A continuación trataremos de adentrarnos en estas vidas paralelas.

1826–1839

Casimiro Castro nace en 1826 en Tepetlaoxtoc, risueño pueblecito cercano a la ciudad de México.* Sin saberlo, vive sus primeros años bajo la presidencia del general Guadalupe Victoria, el primer mandatario de la recién instituida República Federal. Hombre conciliador, Victoria navegaba con dificultad entre las agitadas aguas de la política nacional. Con harto trabajo y quizá debido a que el erario nacional pudo pagar los sueldos de burócratas y numerosos militares —a raíz de los préstamos concertados en la Gran Bretaña—, Victoria logró terminar su período presidencial de cua-

Veracruz tomada en globo. Litografía a color.

Libro: *Antonino y Anita o Los nuevos misterios de México*. Lám. *Casa del Cacahuatal de San Pablo*. Litografía.

tro años. La mayoría de sus sucesores no concluirían sus mandatos: de 1821 a 1876, 55 titulares del Poder Ejecutivo ocuparon la silla presidencial o el trono imperial.[1]

Profética coincidencia ocurrió en aquel año de 1826: se instaló en la capital mexicana Claudio Linati de Prevost (1790–1832), introductor de la litografía en México, cuyo arte sería tan relevante en la vida del pequeño Casimiro. El 4 de febrero de ese año se publica en México el primer número de *El Iris*, acompañado de un figurín femenino, primera litografía elaborada en México. Linati no estaba para saberlo, pero nosotros sí para contarlo: la aparición de *El Iris* coincide con el nacimiento de uno de los más grandes y talentosos litógrafos mexicanos: Casimiro Castro.

Muy probablemente, la infancia del futuro artista transcurrió de modo semejante al descrito por Guillermo Prieto en sus *Memorias de mis tiempos*. El niño modelo de aquellos años estaba quietecito durante horas enteras, sabía de memoria un buen trozo del catecismo, rezaba el rosario en las horas tremendas, comía con tenedor y cuchillo, daba las gracias a tiempo, besaba la mano a sus padres y "...quería ser emperador, santo sacerdote o cuando muy menos, mártir del Japón".[2]

Ante los ojos de nuestro pequeño brillaban los colores vivos del inmenso valle de México, las sepias lomas, los cerros azules y morados, los volcanes gigantes con sus nevadas capuchas, las tranquilas aguas de los lagos adyacentes. Podía respirar el aire de los bosques de ahuehuetes, las brisas —dulces o fétidas— de los paseos de la Viga, de Bucareli o de Santa Anita, escucharía el susurrar de las fuentes de la Alameda, el traquetear de los cascos de los caballos y el pesado rodar de los coches de alquiler o la voz del sereno gritar: ¡las once!

Al despertar, como todo niño de una familia mexicana de lo que hoy llamaríamos clase media, Casimiro tomaría chocolate con agua o con leche, champurrado o quizá atole blanco con panocha. Almorzaría como a eso de las diez de la mañana algún trozo de pollo o de carnero asado, un plato de manchamanteles de calabacitas y frijoles. Si se hallaba enfermito le harían una tortilla de huevo o un par de huevos tibios. Para la una o dos de la tarde se le serviría un caldo de pollo con limón y chile, una sopa de arroz o un puchero.[3] A eso de las cuatro o cinco de la tarde, se tomaba el chocolate para después iniciar el rezo del Santo Rosario. Durante el día, los niños jugaban rayuela o a las maromas, se imaginaban que se convertían en pájaros y hacían alguna travesura como atar un cohete a la cola de un perro o un papel a la de un gato o calzar a éste con cáscaras de nuez y cera.

Los domingos, los padres llevaban a los niños a pasear al jardín del pueblo o, si vivían en la capital, a la Alameda y a ver los títeres en la calle de Venero, donde aparecía un negrito batallador, un don Folios de enorme nariz, donde se oían sones, boleros y canciones infantiles.

Al igual que los niños, la nación tampoco estaba sosiega, hacía travesuras, daba traspiés y sufría enfermedades propias de la niñez. El 19 de enero de 1827 se descubrió una conspiración encabezada por un sacerdote español peninsular. Se le encontró entre sus papeles un plan de reconquista que amenazaba la recién lograda independencia. Fray Joaquín de Arenas, dieguino de malos antecedentes —se le había seguido proceso por especulaciones mercantiles y fabricación de moneda falsa—, era el alma de la conspiración. Desgraciadamente se exageró la importancia del hecho

y se provocaron movimientos armados contra los españoles. Las legislaturas de algunos estados decretaron su expulsión causando la separación y amargura de innumerables familias. En sesenta días los exiliados tenían que abandonar el país con sus esposas e hijos mexicanos. Según un testigo, solamente en Nueva Orleáns murieron 900 personas enviadas al exilio.[4]

En 1828 ganó la elección presidencial el general Manuel Gómez Pedraza, antiguo oficial realista y yerno de don Francisco de Azcárate, uno de los criollos autonomistas del Ayuntamiento capitalino de 1808. El disgusto de los partidarios del general Vicente Guerrero no se hizo esperar: la revolución cundió y el 30 de noviembre de 1828 se tomó el edificio de la Acordada, el depósito de cañones y parque. Guillermo Prieto, por entonces un niño de diez años, recordaría años más tarde: "Nos despertó el estampido del cañón, las gentes corrían despavoridas, atravesaban las calles soldados con espadas desnudas y cundía de boca en boca la nueva del Pronunciamiento de la Acordada".[5] Las escenas y congojas de aquel día se repetirían con amarga frecuencia ante los ojos de los niños de aquellos tiempos: mujeres enloquecidas buscando a sus maridos e hijos, puertas que se cerraban, cadáveres abandonados en las calles, hambruna en toda la ciudad y en sitios aledaños. El niño Casimiro se enteraría de cómo la ciudad de México se transformaba poco a poco en un campo de batalla.

Otro incidente que quizá se gravó en la mente del pequeño Casimiro sería el fracaso de la invasión del español Isidro Barradas. La ciudad de México se despertó una noche de septiembre de 1829 con estampida de cañones, con repiques al vuelo en todas las iglesias, con iluminación y cohetes para celebrar la rendición de los invasores. Las banderas quitadas al enemigo fueron paseadas en triunfo por las calles de México por ex-oficiales de la guerra de independencia. Don Antonio López de Santa Anna se convirtió para unos en el "héroe de Tampico", y más tarde para otros en el "Quince uñas", porque al perder una pierna en una escaramuza contra los franceses le faltaron cinco uñas para robar mejor.

Los niños de la generación de Casimiro podían acercarse a los personajes de la época. El propio presidente Vicente Guerrero, rodeado de chicuelos, conversaba con ellos sobre asuntos de grave importancia: trompos, chicharras y papalotes.[6]

Casimiro tendría unos cinco años cuando el prestidigitador Castelli realizaba sus trucos en el Teatro de los Gallos y contaría con seis años de edad cuando un empresario de la ciudad de México trajo un elefante a la capital, el primero en visitar nuestro país. La altura de la ciudad y el viaje afectaron al corazón del paquidermo, el cual murió unos días después de su llegada.[7] A los siete años, Casimiro oiría relatar las trágicas escenas del año 1833. Gobernaba el país don Antonio López de Santa Anna cuando se desató la epidemia de cólera morbo. Callaron las ruidosas calles capitalinas, ondearon las banderas amarillas, negras y blancas para indicar el avance o el retroceso del mal, las boticas se llenaron de personas y los templos de afligidos fieles. ¿Cúal sería el efecto de estas escenas en un alma infantil? ¿Qué sentimientos despertaría en Casimiro el oír narrar o quizá ver pasar los carros repletos de cadáveres rumbo al cementerio, observar las calabazas de vinagre, los pisos regados con cloruro para desinfectarlos, la prohibición de comer frutas, chiles rellenos y otros platillos para evitar el contagio? No lo sabemos, pero probablemente su memoria de niño guardaría tales escenas aunadas con recuerdos más gratos: la maquinita del ferrocarril, reciente invento que revolucionaría el transporte mexicano y que se exhibía en 1833 en un patio de la capital.[8] Su curiosidad infantil sería atraída por la frustrada ascensión del globo aerostático del francés Adolfo Theodore. Castro contaba con unos nueve años cuando en 1835 el joven estadounidense Eugenio Robertson, acompañado de una jovencita mexicana, voló en su globo.[9]

Años más tarde, nuestro futuro artista dibujaría ferrocarriles de vapor y globos aerostáticos además de subirse a ambos inventos.

La inestabilidad de la nación era manifiesta tanto en los ámbitos político, económico y social, como en la vida cotidiana. Aun la naturaleza se mostraba esquiva y poco solidaria. Entre 1833 y 1837, los terremotos horrorizaron a los habitantes de la ciudad de México. Aquel rugir de la tierra sería algo difícil de olvidar, "la tierra parecía ebria, las piedras chocaban, las fuentes derramaban sus aguas y las campanas repicaban por sí solas", recordaría un anciano al referirse al temblor de 1837.[10]

Los vecinos del norte y las potencias extranjeras tampoco mostraban fraternidad alguna: Casimiro Castro escucharía la triste historia de la guerra de Texas (1835–1836) y la llamada, no sin ironía, "guerra de los pasteles" con Francia durante los años de 1838 y 1839. La nación, cual creatura esmirriada, se debilitaba ante la sangría de hombres y de recursos. Internamente, el panorama era desolador, año tras año ocurrían pronunciamientos y asonadas.

1839–1848

Casimiro cumplía trece años en 1839 y no es casual que su adolescencia coincida con un periodo de turbulencias en nuestra patria. La intranquilidad social, la perenne bancarrota de la hacienda pública creaba un clima de inseguridad en la población mexicana. Muertos y heridos se agolparon en pleno zócalo durante el alzamiento del general José Urrea ocurrido en 1840. Dicho militar atacó el Palacio Nacional y tomó preso al propio presidente de la república, don Anastasio Bustamante, quien por poco perece a manos de la soldadesca.

La muerte acechaba a propios y a extraños. ¿Cómo recibiría nuestro futuro artista la noticia del asesinato del pintor británico Daniel Thomas Egerton? El crimen ocurrió el 27 de abril de 1842 en Tacubaya y dio mucho que hablar a la sociedad capitalina. La obra de Egerton, *Vistas de México*, publicada en 1840, representa junto con la obra del italiano Pedro Gualdi, un claro antecedente de los trabajos que más tarde realizaría nuestro Casimiro.

El adolescente de 14 años necesariamente tuvo que madurar más pronto y valerse por sí mismo ante los escasos recursos, lo precario del panorama nacional y las continuas reyertas políticas de sus mayores. La copla de la época dedicada a las jovencitas también podría describirlo a él y a sus amigos:

Las muchachas de estos tiempos
son como las aceitunas,
las que parecen más verdes
suelen ser las más maduras [11]

Verdes aún, las circunstancias obligan a estos jovencitos a crecer: sufren dos guerras con naciones extranjeras mucho más poderosas que la suya, la primera en 1838-1839, con Francia, originada en las excesivas reclamaciones de los comerciantes franceses, entre los cuales se encontraba un fúrico pastelero y la segunda, más desastrosa, con los vecinos del norte en 1846-1848.

Casimiro trabajaba de tiempo atrás en la imprenta litográfica de *monsieur* José Decaen, su futuro suegro. Del año 1846 data el mapa panorámico de la ciudad de Veracruz, dibujado por Francisco García y litografiado por Casimiro. Estos mapas o "vistas de pájaro" —*bird's eye view* en inglés—, como se les llamó en el mundo atlántico, se convirtieron a mitad del siglo XIX en una forma popular de representar y dar publicidad a las ciudades. Las vistas eran dibujadas, no fotografiadas (aunque la fotografía apareció en 1839), desde un globo aerostático a una altura determinada. Esto daba una nueva dimensión al mundo circundante; una perspectiva desconocida de lo ya conocido. Nunca antes la ciudad de México y sus alrededores habían sido observados desde una perspectiva vertical. El dibu-

jo desde la altura requería de mucho trabajo: primero el dibujante desarrollaba una perspectiva siguiendo el patrón de las calles, después caminaba cada una de ellas para esbozar edificios, árboles, monumentos y otro detalles significativos para posteriormente dibujarlos como si lo hubiese hecho desde 2,000 o 3,000 pies de altura.

En el dibujo de *Veracruz*, la vista se hizo desde un globo aerostático. Se destacan 17 sitios importantes de la ciudad portuaria, mismos que se identifican con números en el mapa panorámico. Destacan el castillo de San Juan de Ulúa, los edificios del centro, las iglesias, las murallas y los alrededores en donde se observa una estación de ferrocarril, una plaza de toros y un volcán en actividad. Casimiro litografía una Veracruz anterior a la invasión estadounidense de 1847 y nunca imaginó que ese mismo año ondearía la bandera de las barras y estrellas en el Palacio Nacional de la ciudad de México.

El ser humano se templa en la adversidad, y ese fue el sino de Castro y de sus compañeros de generación. Patrióticos y generosos, muchos jóvenes se alistaron en los batallones de "polkos": Mariano Otero, José María Lafragua, Ignacio Comonfort y Guillermo Prieto, entre otros.[12] Casimiro cumplió 21 años en 1847. Alcanzaba su mayoría de edad en el momento en que la capital mexicana se hallaba inmersa en el fragor del combate y era humillada por el invasor. La patria parecía desmoronarse. Con todo, la juventud de la época reaccionó con ánimos de restañar las heridas, paliar el dolor sufrido y recobrar la dignidad ante una derrota que había dejado a México sin la mitad de su territorio. Los jóvenes, entre ellos Casimiro, anhelaban construir una nación más segura de sí misma.

1848-1858

Con su lápiz y sus pinceles, Casimiro Castro retrató la ciudad de México antes de que ésta fuera hollada

Fragmento del proyecto de cartel para el "Teatro de La Paz" en San Luis Potosí. Tinta y acuarela sobre papel. Cat. 195

Proyecto para anuncio "De Orizava y Córdoba". Acuarela sobre papel. Cat. 197

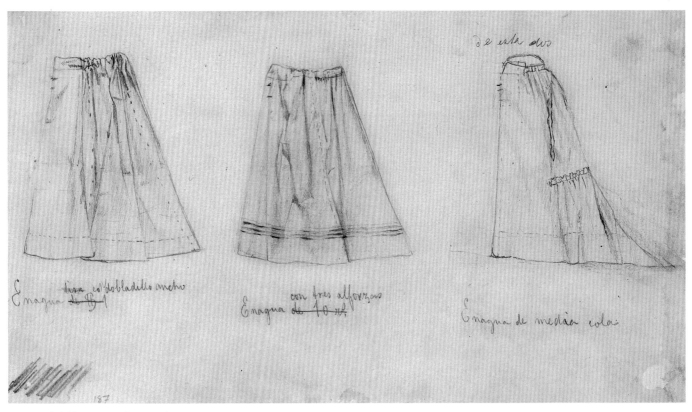

Apunte de faldas. Lápiz sobre papel. Cat. 187

de nuevo, antes de que fuera destruida otra vez por las frecuentes guerras y asonadas. Nadie como él para delinear las elegantes fachadas, los miserables tugurios, los monumentos y paseos, las acequias, los canales con sus lagos adyacentes, así como lo más heterogéneo de la población, desde el acicalado petimetre o la currutaca "de pomada", hasta el lépero más desarrapado, o una cinta en el sombrero con la leyenda "Muera el tirano".

Vivo el recuerdo de la invasión extranjera se añoraba el pasado glorioso de la gesta emancipadora, cuyos protagonistas iban muriendo uno tras otro. Carlos María de Bustamante falleció el 22 de septiembre de 1848, a los 74 años de edad, afligido por la ocupación militar del país al cual él ayudó a obtener su independencia.

En 1849 Casimiro Castro estudiaba con el maestro italiano Pedro Gualdi, y bajo la dirección de este último dibujó una magnífica litografía en honor del libertador muerto: *Descripción de la solemnidad fúnebre con que se honraron las cenizas del héroe de Iguala don Agustín de Iturbide,* trabajo melancólico en recuerdo del hombre fusilado después de haber caído desde las alturas de un trono imperial.

El joven Casimiro fue en el campo de la litografía lo que Guillermo Prieto fue en el de la crónica citadina. Ambos nos dejaron un retrato inapreciable del México decimonónico y de su cambiante población. El colorido, el abigarramiento propio del barroco novohispano de fines del siglo XVIII y aún presente en las primeras décadas del siglo XIX, daban lugar a la austeridad republicana, a la propagación del traje negro, de la ropa hecha en serie, resultado de la revolución industrial y del uso de la maquinaria textil en vez de los telares tradicionales. México se transformaba.

Unos años más tarde, en 1851, Casimiro prepara litografías de personajes notables y de vistas de paseos para *La Ilustración Mexicana;* también ilustra la nove-

Pedestal del monumento a Colón, 10-3-88. Lápiz sobre papel. Cat. 28

la *Antonino y Anita o los nuevos misterios de México*, inspirada en la obra de folletín de Eugenio Sue, titulada *Los misterios de París*, publicada en el periódico parisino *Journal des Débats*. Este género novelesco, impulsado por Sue, se propagó por toda Europa —para 1844 los periódicos alemanes habían publicado 36 "Misterios",[13] y llegó a nuestro país, donde la novela ilustrada por Castro impulsaría esta tradición. *Antonino y Anita* fue impresa en el taller de Navarro y Decaen. En ella destacan las litografías hechas por Castro, verdaderos cuadros escénicos que cumplían con la función de inspirar sentimientos en el lector —suspenso, compasión, indignación, temor— y despertar su curiosidad por seguir la evolución de la narración. Las imágenes de Casimiro Castro reproducen con maestría los lugares más típicos de la capital mexicana: la "Casa del Judío" en el Cacahuatal de San Pablo, una "Casa de Vecindad" y el expendio de pulque conocido como la "Mariscala". Nada le es ajeno al artista, y Castro lo era en toda la línea.

En la madrugada del 9 de agosto de 1855, el presidente Antonio López de Santa Anna abandonó la capital, vencido por las fuerzas rebeldes del movimiento de Ayutla. Terminaba así el gobierno errático del "Quince Uñas", para iniciarse una nueva etapa del lento caminar nacional.

40

Decorado alegórico para un baile. Tinta china y lápiz sobre papel. Cat. 162

"La Fama" Tlalpan. Lápiz sobre papel. Cat. 18

En 1855–1856 se publicó la obra por entregas, *México y sus alrededores*, impresa en el establecimiento litográfico de Decaen situado en el Portal del Coliseo Viejo. En ella Casimiro y sus colegas —J. Campillo, Luis Auda y G. Rodríguez— publicaron unas 38 estampas relativas a la capital y a su entorno, láminas por cierto difícilmente superadas todavía hoy en día. En ese entonces la población de la ciudad de México ascendía a 200,000 habitantes, había más de 482 calles, por lo general rectas y anchas, bien empedradas, con banquetas enlosadas a ambos lados, 60 plazas y plazuelas, 14 curatos, 15 conventos de religiosos y 22 de monjas, 78 iglesias y capillas, seis panteones abiertos, tres teatros, dos plazas de toros, diez hospitales y tres bibliotecas públicas.[14] La ciudad crecía y prosperaba. En la "Introducción" de *México y sus alrededores*, redactada por don Florencio del Castillo,

se anunciaba que pronto se instalaría el alumbrado público de gas.

Casimiro es el autor de láminas semejantes a la de Veracruz en 1846: las llamadas vistas de pájaro o mapas panorámicos, tomadas desde un globo, delineadas y luego realizadas en piedra litográfica con tal detalle que puede contarse cada calle e identificarse los lugares más importantes; entre ellas *La Villa de Guadalupe. Tomada en globo* que reproduce con fidelidad las aglomeraciones para visitar a la Morenita; *La Villa de Tacubaya tomada a ojo de pájaro sobre el camino de Toluca*, donde se perfilan claramente los sembradíos de magueyes, el ganado a la orilla del camino y la diligencia que se desliza a paso veloz; *La Alameda de México. Tomada en globo* en donde este último también es retratado por el artista y *La ciudad de México. Tomada en globo* en cuyo primer plano se delinea el Coliseo y el

Catedral de Sevilla. Lápiz sobre papel. Cat. 148

Paseo de Bucareli.[15] *México y sus alrededores* es una verdadera fiesta visual acompañada de una fiesta de escritura. Los textos son de Marcos Arróniz, José María Roa Bárcena, José T. Cuéllar, Francisco González Bocanegra —el autor de la letra del Himno Nacional—, José María González, Hilarión Soto y Frías, Luis G. Ortiz, Manuel Payno, Anselmo de la Portilla, Vicente Segura Argüelles, Francisco Zarco y Niceto de Zamacois. Nuestros artistas y escritores mostraban una calidad que hacía honor a su nación. Cabe destacar que los pies de ilustración son trilingües: al centro en español, a la izquierda en inglés y a la derecha en francés. Castro participa en todas las láminas ya sea como dibujante o como litógrafo. Para esta época Casimiro ya estaba casado con Soledad Decaen, hija del editor. *México y sus alrededores* fue un éxito editorial. Aparecieron nuevas reediciones, entre ellas: una en 1863-64 con algunas láminas añadidas, otras en 1874 y en 1878 con más dibujos que las anteriores. El célebre José Zorrilla, autor de *Don Juan Tenorio,* publicó en 1858 en Madrid una obra titulada *La flor de los recuerdos,* donde describía lo que Castro y sus compañeros trataron de dibujar con sus lápices y colores:

> …no se encuentra tal vez en ningún punto del globo un paisaje cuyo panorama sea comparable con el Valle de México… El Valle de México es la estancia más grata para detenerse a reposar en la mitad del viaje fatigoso de la vida, y el panorama más risueño y más espléndidamente iluminado que existe en el universo.[16]

Artistas y escritores buscaban dar una identidad a sus compatriotas. También en 1855 se publica la obra *Los mexicanos pintados por sí mismos.* Las litografías de Hesiquio Iriarte se acompañan de textos escritos por Hilarión Frías y Soto, Niceto de Zamacois, Juan de Dios Arias e Ignacio Ramírez, "el Nigromante" y son, como se indica en el título de la portada, verdaderas pinturas de los tipos más populares del México decimonónico: el aguador con su chochocol de barro, la "chiera" o refresquera con sus aguas de frutas, rodeada de flores, el pulquero con sus tinajas, el evangelista de los portales, la "china" acicalada, en fin todos esos actores de la vida nacional que han ido desapareciendo con la modernidad.

Las autoridades capitalinas, por su parte, intentaban mantener limpia y presentable la gran urbe: en enero de 1856 se decretó que todos los coches de sitio deberían mantenerse "decentes", sin pintura dañada, sin vidrios rotos ni ruedas amarradas con mecates.[17]

Casimiro Castro no será el único artista en dejarnos un imborrable testimonio del México de ayer: por el año de 1858 ingresaba a la Academia de San Carlos un joven de 18 años llamado José María Velasco, pupilo del paisajista Eugenio Landesio (1810-1879). Los límpidos cielos, las agrestes rocas, los volcanes cubiertos de nieve del Valle de México y la belleza de nuestra tierra tuvieron en Velasco su más preclaro intérprete.[18]

Mientras Casimiro y José María trabajaban con entusiasmo, el país zozobraba: la guerra civil vino a ensangrentar las ciudades y el campo mexicano. De 1858 a 1861 las batallas fueron cruentas entre hermanos, amigos y vecinos. Promulgada la Constitución en 1857, su contenido no fue aceptado por la mayoría del país y hasta el mismo presidente, Ignacio Comonfort, consideró imposible gobernar con ella. En la ciudad de México se pronunció el general conservador Félix Zuloaga, desconoció la Constitución y el propio Comonfort se sumó a los insurrectos. El presidente de la Suprema Corte, el liberal Benito Juárez, se proclamó presidente constitucional al exiliarse Comonfort. De pronto la nación se encontró con dos Jefes de Estado: Zuloaga, elegido por los rebeldes, y Juárez, quien legitimaba su función en la proscrita Constitución. Ambos bandos y la población civil sufrieron mucho y no sería sino hasta 1861 cuando alcanzarían el triunfo los liberales.

Por lo que toca a las bellas artes, los gobiernos conservadores, más que los liberales, apoyaron a la Academia de San Carlos. Los conservadores crearon un patronato en 1861 —disuelto por Juárez el mismo año— y varios de sus profesores fueron destituidos por ser extranjeros.[19]

Los mexicanos aún no se reponían de las pérdidas de la llamada "guerra de los tres años" o de Reforma, cuando la penuria obligó a Juárez a suspender el pago de la deuda exterior. En octubre de 1861, Francia, Gran Bretaña y España acordaron bloquear los puertos mexicanos hasta que se les pagara el adeudo.

Casimiro Castro y su generación sufrieron otra vez el dolor de ver a la patria invadida por un ejército extranjero. Mientras que España y los británicos aceptaron la promesa de un pago futuro, Francia aprovechó para desembarcar 2,500 hombres para apoyar la creación de un Segundo Imperio Mexicano, a cuya cabeza estaría Maximiliano de Habsburgo, hermano del emperador austriaco. El cinco de mayo de 1862 los mexicanos derrotaron al ejército francés en los fuertes de Guadalupe y Loreto, a las afueras de Puebla. El lápiz de Castro nos dejó un testimonio de la inolvidable batalla, pero la derrota hirió el orgullo de Napoleón III, quien envió 30,000 hombres de refuerzo al mando del general Federico Forey.[20]

Maximiliano y su esposa Carlota arribaron al puerto de Veracruz el 29 de mayo de 1864 en la fragata *Novara*. Desembarcaron a las seis de la mañana y fueron recibidos fríamente por los veracruzanos.

Dos años antes, en abril de 1862, Plotino Rhodakanaty hacía circular su *Cartilla Socialista,* en la cual propugnaba por la creación de pequeñas comunidades de ayuda mutua y caridad, en lugar de un sistema capitalista. El país y sus pobladores se debatían entre proyectos diametralmente opuestos, mientras el humor popular se manifestaba en décimas como la siguiente:

> Ya la platita voló
> porque toda es de aguilita
> y como es tan picudita
> para Francia se embarcó;
> sólo el nopal nos dejó
> con su culebra muy flaca
> ya se escaseó la platita,
> ¡ah que suerte tan bellaca!
> Como perico en la estaca
> nos dejó Francia maldita.[21]

El Segundo Imperio fue efímero. El emperador, después de resistir un sitio de 70 días en Querétaro, se rindió ante el general liberal Mariano Escobedo; fue juzgado y condenado por un tribunal presidido por un coronel y pasado por las armas el 19 de junio de 1867.

Maximiliano tenía algo de artista e impulsó la Academia de San Carlos. Juárez le cambió de nombre a "Escuela Nacional de Bellas Artes" y suprimió su lotería privada con lo cual le quitó autonomía financiera.[22]

La capital imperial quedó descrita por Juan N. Valle en su obra *El viajero en México*. Según Valle, la ciudad de México tenía una población de más de 200,000 habitantes, contaba con 4,200 casas, 18 conventos de religiosos y 23 de monjas —pese a la desamortización—, 583 tiendas de abarrotes, 624 tendajones, 339 tabaquerías, 523 pulquerías, 174 carnicerías, 81 tocinerías, 44 panaderías, 111 bizcocherías y chocolaterías, 10 pastelerías de lujo, 38 dulcerías y 12 azucarerías y melerías, 23 fondas que, a consecuencia de la influencia francesa, empezaban a ser llamadas *restoranes,* 84 cafés y neverías, 11 cantinas, 27 lecherías, 16 molinos de trigo y 141 maicerías para hacer tortillas. La llegada de muchos extranjeros (austriacos, belgas, franceses, mamelucos del norte de África, húngaros, polacos y otros) durante el reinado de Maximiliano explica la existencia de 14 hoteles con *restorán,* de 19 mesones, 29 corrales para los caballos, 63 baños públicos, 97 barberías y 15 peluquerías, 97 sastrerías, 59 sombrererías y 22 fotografías para aquellos que quisieran retratarse o mandar a hacerse una "tarjeta de presentación". Para los aficionados a la lectura había 14 librerías y para los autores 14 imprentas. Para hacer frente a los apuros económicos existían 176 casas de empeño y para los de la salud 29 boticas.[23]

La segunda edición de *México y sus alrededores* aparece en 1864, en los albores del Segundo Imperio. La capital se ha transformado, ya no es la misma de 1855 y Castro lo percibe. El convento de San Francisco, ubicado frente a la Casa de los Azulejos, aloja —después de la embestida liberal— al *Gran Circo Chiarini,* los nombres de santos tan comunes en los establecimientos estaban siendo sustituidos paulatinamente por otros más seculares, lo mismo sucedió con las calles: un santoral laico conformado con nombres de generales y políticos, benefactores o no del país, usurpó antiguos nombres de las vías públicas como el de la Santísima Trinidad, el de la Purísima o el de San José. Los alrededores de la capital albergaban fábricas, las calles estrenaron alumbrado público, los trenes de mulitas se acercaban al Palacio Nacional. La Villa de Guadalupe vuelve a ser dibujada y litografiada por Castro desde un globo. Ahora se observa la enorme multitud de fieles que visitan el santuario, los coches, los puestos, las velas de tela para cubrir la procesión que camina lentamente desde una capilla hacia el templo principal. El ojo sensible de este artista retrata en la nueva versión de el paseo de *Las Cadenas en noche de luna,* una escena fuera de la catedral metropolitana, donde unos serenos intentan aprehender a un hombre mientras una mujer les suplica le dejen en paz y un perro ladra furiosamente. Los vendedores de cacahuates tostados cuidan de su mercancía frente a un fogoncillo. El castillo de Chapultepec dominaba aún un valle vacío. Tlalpan seguía siendo escenario de fiestas campestres y las diligencias iban y venían deteniéndose en fondas y puestos de agua fresca.

Por esos años, entre 1866 y 1868, en Estados Unidos se popularizan las ya mencionadas vistas panorámicas utilizadas desde antes de la guerra de Secesión entre el Norte y el Sur. Se publicaban de manera independiente y los motivaba el orgullo de los principales ciudadanos de algún lugar que deseaban impulsar el desarrollo comercial o industrial de su ciudad. Algunos fueron patrocinados por cámaras de comercio y otras organizaciones cívicas, otros se usaron para atraer inversionistas o anunciar las posibilidades de un determinado lugar.[24]

Los avances en la técnica de la litografía, fotolitografía (litografías dibujadas sobre una fotografía) y la cromolitografía, hicieron posible hacer copias rápidas y baratas. En muchos casos, estas vistas panorámicas incluían casas de personas que por una remuneración lograban incluirlas en el dibujo. Estos trabajos mostraban la vida de una ciudad. Si se trataba de un puerto, mostraban sus muelles, con barcos y trenes que transmitían la idea de progreso y de movimiento.[25] Las calles eran dibujadas atiborradas de coches, de paseantes, las chimeneas humeantes de las fábricas, los parques rebosando de niños y paseantes. Algunas vistas se usaron también para anunciar tiendas y negocios.

Casimiro Castro no fue ajeno a esta influencia propia de la segunda mitad del siglo XIX y nos heredó tempranos ejemplos de este género. La transformación y modernización de la capital, con la consecuente destrucción de sus fachadas virreinales, la degradación de sus edificios convertidos en cuarteles, circos, mesones y pulquerías, así como los nuevos medios de transporte y de alumbrado públicos se plasman con detalle en sus dibujos. A pesar de que Castro y otros artistas tratan de embellecer las vistas de la ciudad, de destacar su progreso y la riqueza de la burguesía en ascenso, la capital crece y se extiende pero no necesariamente en beneficio de sus habitantes.

1868-1884

Castro dibuja continuamente todo tipo de cosas, desde anuncios para vender vestidos y zapatillas de mujer hasta el de Ángel Martínez de Papantla que vende *Vainilla Superior Mexicana*. En este anuncio el artista imagina a la Patria vestida de amazona con carcaj y bandera tricolor, le acompaña el águila mexicana con gorro frigio entre plátanos, vainilla y palmas. *El Borrego y La Asturiana*, fábrica de tabacos, las anuncia con una cosecha de esa planta.

Casi con toda probabilidad Castro escuchó el primer cañonazo que tronó desde el Palacio Nacional a las cinco de la mañana del 19 de julio de 1872, para anunciar a los capitalinos la muerte del presidente Juárez. A partir de aquella hora se repitieron las detonaciones cada quince minutos en lúgubre recordatorio de ese deceso. El 21 de julio el pueblo desfiló ante el cadáver de Juárez instalado en el Salón de Embajadores del Palacio Nacional.[26] Una época terminaba con el presidente fallecido.

En plena madurez artística, Casimiro dibuja frontispicios de libros. Pareciera que su amor patriótico lo desbordara. En uno de ellos, la Patria aparece vestida con túnica y manto clásico grecorromano y sostiene en su mano izquierda la bandera tricolor y en la derecha una corona que coloca sobre un busto de Miguel Hidalgo. En la parte inferior se encuentra un globo terráqueo con instrumentos científicos, como un telescopio, y una lira, el símbolo de la medicina, y otras figuras representativas del conocimiento. Requerido por muchos clientes, Castro dibuja modas femeninas con letreros que rezan "Enagua lisa con dobladillo ancho, enagua en tres alforzas de 10 rp, enagua de media cola" que seguramente revisarían nuestras bisabuelas. No desdeña el dibujo de calendarios, como el publicado por Víctor Debray, donde vemos un ferrocarril sobre un río inmerso entre vegetación tropical. En la parte posterior se retrata una obra de ingeniería en fierro, un puente de ferrocarril por donde pasa un tren que consta de la máquina y seis carros. Trabajo singular son sin duda las láminas incluidas en el *Álbum del Ferrocarril Mexicano* (1877). Cuatro años antes —en 1873— la compañía del Ferrocarril Mexicano había logrado unir por vía férrea al puerto jarocho con la capital de la república.[27] Los dibujos de Castro dan testimonio de los primeros efectos de este medio de transporte en el paisaje y la vida mexicanos. La provincia también es objeto de sus afanes: el Teatro de la Paz de San Luis Potosí sirve de marco a caballeros y damas elegantes, a un niño con traje de marinero y sombrero, a gente del pueblo y a militares.

El 21 de noviembre de 1876, el presidente Sebastián Lerdo de Tejada, vencido por los rebeldes del Plan de Tuxtepec, abandona la ciudad de México sin renunciar a la presidencia. El general Porfirio Díaz, vencedor de las tropas federales en Tecoac, entró a la capital el 24 de noviembre de 1876. El lema de la rebelión podía sintetizarse en la siguiente frase: "Que nadie se perpetúe en el poder y esta será la última revolución".[28] ¡Quién hubiera podido imaginar lo que vino después!

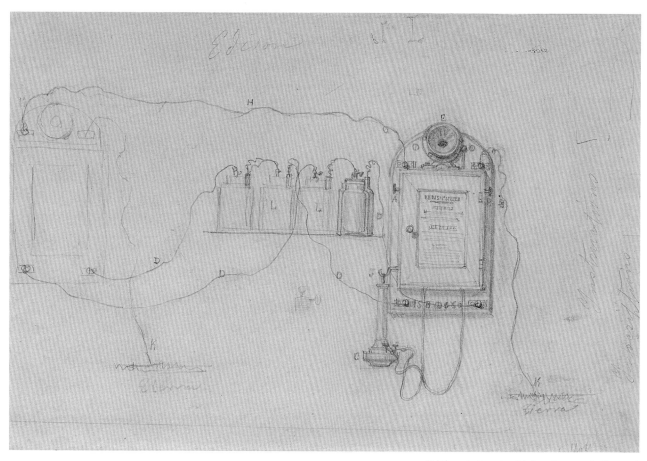

Teléfono de baterías. Lápiz sobre papel. Cat. 106

Engranes de una máquina. Lápiz sobre papel. Cat. 110

El general Díaz asumió oficialmente la presidencia de la república en una fecha memorable, el 5 de mayo de 1877, aunque el cargo lo ocupaba *de facto* desde el 15 de febrero.

En 1880 aparecería la obra *México pintoresco, artístico y monumental* de Manuel Rivera y Cambas. En ella se daba un panorama de nuestra nación, de sus sitios históricos, de sus monumentos y de sus personajes. Ese mismo año Casimiro asumió la dirección de la Casa Decaen y continuó produciendo trabajos de todos tipos. El calendario de la tienda *La Elegancia. Gran Almacén de Calzado por Mayor y Menor*, sita en la Calle de Vergara núm. 4, esquina con Cinco de Mayo, reproducía la fachada del establecimiento y de cada lado un figurín de moda. Un recuadro presentaba a dos niñas que jugaban con un borceguí, mientras que en otro un niño y una niña manchaban de tinta negra un borceguí blanco.

1884-1889

Las siguientes palabras de Guillermo Prieto podrían aplicarse a la obra artística de Casimiro Castro:

> [...]sus cuadros algún día serán como las medallas que recuerdan una época lejana, serán como las señales que haya ido dejando la sociedad al internarse en el laberinto de las revueltas políticas, y que marcaron un día su punto de partida; serán como el tesoro guardado bajo la primera piedra de una columna, que recuerda a las edades futuras la generación que ya no existe.[29]

Para otros autores, su obra tan variada constituye "el más expresivo testimonio gráfico de la vida mexicana de la segunda mitad del siglo XIX".[30]

A los 59 años Casimiro Castro había sobrepasado el promedio de vida del capitalino, que oscilaba entre los 17 y 34 años, o sea unos 24. La esperanza de vida a mitad del siglo XIX en la ciudad de México dependía de muchos factores, entre ellos el lugar donde se residía. Los fieles de las parroquias más pobres de la ciudad, como la de Santa María y Salto del Agua, tenían un promedio de vida de 17 y 19 años respectivamente. En las parroquias pudientes, como la de San Miguel y el Sagrario, la esperanza de vida llegaba a los 31 y 34 años. Las entidades federativas no proporcionaban mejores condiciones de vida que la capital.

Los últimos cinco años de la vida de Castro coinciden con el final del segundo y el inicio del tercer periodo constitucional del presidente Porfirio Díaz. Son años de crecimiento económico a costa de la res-

Retrato del General Porfirio Díaz, mayo 19, 1888. Lápiz y tinta sobre papel. Cat. 160

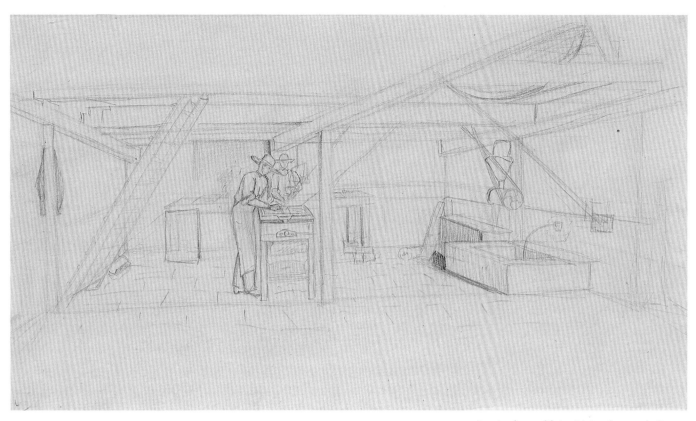

Interior de una fábrica. Lápiz sobre papel. Cat. III

tricción de las libertades políticas. Se anhelaba la grandeza nacional y se creía lograda por el "orden y progreso", el primero alcanzado a través de una violenta pacificación y el segundo con la multiplicación de las vías del ferrocarril, de los teléfonos, de los telégrafos, de los cables de luz eléctrica, de las oficinas de correos, de los puertos, etcétera. La capital del país se modernizó aún más. Las chimeneas de las fábricas empiezan a envenenar el límpido cielo azul del valle de México. Más dramático aún es el abuso del trabajador. A pesar de la existencia de leyes y reglamentos, hombres, mujeres y niños trabajaban en condiciones peligrosas. Niños de cinco años de edad trabajaban en las fábricas de cigarros en jornadas de 15 horas diarias.[31]

No se sabe con certeza si nuestro artista viaja a Europa en 1885 o tomó apuntes de un álbum de plazas y edificios del viejo continente. Dibuja, por ejemplo, hermosos croquis de la plaza de San Pedro en Roma y de la torre Eiffel en París. Lo que sí es un hecho es que la influencia extranjera se acentúa en las calles y paseos de la capital. En agosto de 1887 se coloca el monumento a Colón en el Paseo de la Reforma, obra del escultor francés Charles Henri Cordier. Los capitalinos empiezan a designar el Paseo de la Reforma como "nuestros Campos Elíseos".[32]

Casimiro Castro se acerca a la muerte. El siglo muere y con él un artista que supo plasmarlo: Castro fallece en 1889. La suave patria le guardará luto a él y a la ciudad capital, hoy víctima de un proceso acelerado de degradación. ¿Cómo dibujaría Casimiro los cielos envenenados de nuestra metrópoli, la fealdad de sus vías rápidas, de sus edificios de arquitectura mediocre, de sus monumentos al mal gusto, sus cinturones de miseria, la destrucción de sus zonas verdes, la desertificación de sus alrededores? Quizás la obra de Casimiro nos recuerde lo que hemos perdido y nos ayude a conservar la belleza y dignidad de la ciudad que tanto amó y de la cual Niceto de Zamacois pudo decir: "Ved desde aquí la reina de las ciudades del Nuevo Mundo".[33]

Álbum: *México y sus alrededores*. Lám. *Portada*. Litografía (primera versión).

CASIMIRO CASTRO.
POR LOS FRUTOS CONOCES EL ÁRBOL,
A MÉXICO POR SUS ARTISTAS

Ricardo Pérez Escamilla

a mis nietos Rafael y Alejandro Pérez Segura

Diego Rivera dijo a José Guadalupe Posada, cuando ignorábamos aún quién era, que con frecuencia la fama de la obra precede al artista que la produce. Lo mismo podemos decir de Casimiro Castro y por cierto del equipo con el que trabajó en la creación del libro *México y sus alrededores* (1855-1856):[1] Julián Campillo, G. Rodríguez y Luis Auda. Antes que se conociera la historia personal de Castro ya eran pequeñas y apreciadas como obras de arte las litografías de dicho libro y las del *Álbum del Ferrocarril Mexicano* (1877).[2] Se han reproducido en la prensa nacional y del extranjero para ilustrar artículos de todo tipo, anuncios comerciales y de promoción turística, calendarios, cajetillas de cerillos y tabacos, e incluso menús y manteles de restaurantes. Las de *México y sus alrededores* en particular, proyectan una imagen ideal y hasta ahora no superada de nuestra ciudad. Durante el siglo XX sus autores siguieron siendo ilustres desconocidos hasta la intervención, en 1968, de Marte R. Gómez, destacado político y hombre culto (le debemos el impulso al coleccionismo y al estudio de la obra de numerosos artistas mexicanos y, entre otros extraordinarios proyectos, la iniciativa de los murales de Rivera en Chapingo). Esta "ave rara" prestó para la exposición "Casimiro Castro. Óleos y litografías"[3] llevada a cabo en el marco del Programa Cul-

tural de la XIX Olimpiada en el Palacio de las Bellas Artes, su colección personal de dibujos, acuarelas y litografías[4] de Casimiro Castro, acervo que se retoma en la presente muestra. Marte R. Gómez escribió un texto en el catálogo correspondiente, así como Juan García Ponce y Alfonso de Neuvillate, auxiliados los tres por Víctor M. Reyes en la recopilación informativa. Fue un esfuerzo tentativo pero de gran alcance en la documentación de nuestro arte. En 1994 Casimiro Castro entró a la historia por la puerta grande, con su obra, pistas biográficas y una apreciación artística, al integrar una selección de sus estampas en la exposición "Nación de imágenes. Litografía mexicana del siglo XIX" en el Museo Nacional de Arte. Investigaciones posteriores me obligan hoy a rectificar y ampliar los datos biográficos establecidos por mí en aquella ocasión.

Ante la incógnita acerca del entorno familiar y escolar de Casimiro Castro, trato de reconstruir su vida y su aprendizaje con la ayuda de ciertos factores: en primer lugar, sus obras mismas; su relación con litógrafos editores de amplio bagaje cultural, franceses en su mayoría, decisivos para el desarrollo de la profesión en nuestro medio: el intercambio diario de ideas y técnicas litográficas con artistas mexicanos que frecuentó y con quienes trabajó en los talleres de impresión: la probable convivencia, si no directamente con los pintores y litógrafos extranjeros que viajaron a México, con sus obras: los libros que, al igual que sus compañeros, consultaba y los instrumentos de dibujante y de litógrafo que usó en su labor cotidiana. En conjunto, estos elementos aunados a una cultura general coherente explican la madurez de Casimiro Castro como artista.

LOS ARTISTAS PULQUEROS

Localicé en el pueblo de Tepetlaoxtoc, Estado de México, donde nació Casimiro Castro Blancas en el barrio de San Pablo Jolalpa, su fe de bautizo:

En esta parroquia de Tepetlaoxtoc a tres de marzo de mil ochocientos veinte y seis, yo el Bz. D. José Andrade, bauticé solemnemente y puse los santos óleos, a una criatura de un día a que nombré José Eleuterio Casimiro hijo de Christoval Castro y Mariana Feliciana Blancas. Madrina María Guadalupe Espinosa. Mestizos de la cabecera y para que conste lo firmé: José María Andrade y Martínez.

Este documento me lleva a corregir su fecha y lugar de nacimiento, así como su nombre completo. Me permite también señalar una clave de la creatividad de Casimiro Castro: su origen mestizo, recurrente a lo largo de su obra.

Cuando nace Casimiro Castro, en 1826, Tepetlaoxtoc es un pueblito típico del altiplano mexicano. Subsiste de una economía basada en el cultivo del maíz, frijol, calabaza y en la explotación del maguey y la producción del pulque, así como algo de ganadería. Situado en una zona de vieja tradición cultural, a unos 20 km de Texcoco y a igual distancia de San Juan Teotihuacan, en el pasado Tepetlaoxtoc había pertenecido al reino de Nezahualcoyotl. En el siglo XIX, gran parte de su población era indígena y convivía

Alegoría sobre el descubrimiento del pulque por la reina Xochitl, mayo 21, 1886. Lápiz sobre papel. Cat. 117

Magueyes. Lápiz sobre papel. Cat. 132   *Tlachiquero, Chac-mool, platanero.* Lápiz sobre papel. Cat. 121

junto a un reducido grupo de criollos y mestizos. A diferencia de lo que ocurre hoy, la cultura indígena estaba entonces plenamente viva.

¿Qué es ser mestizo en el siglo XIX? Los mestizos —la clase influyente— vivían su condición como una identidad étnica y cultural. Eran bilingües por necesidad: su comunicación verbal y comercial con el pueblo requería no sólo que entendieran el náhuatl sino que lo hablaran (este dominio del náhuatl reclama hoy un examen riguroso). Su existencia diaria estaba regida por costumbres y tradiciones variadas de ambas culturas. Eran católicos pero conservaban creencias y supersticiones heredadas de las cosmologías prehispánicas. El sistema teocrático prehispánico, aunque desplazado por los gobiernos de elección popular, expli-

caba el persistente poder de la Iglesia. En su organización social, mientras mantenían estructuras antiguas como el ejido y el *calpulli,* los mestizos adoptaban instituciones republicanas como los ayuntamientos. En la mesa bebían pulque pero también vino y cerveza, y comían lo mismo maíz y sus derivados (tortilla, tamales, pozole), mole ("salsa" en náhuatl), chiles y gusanos de maguey, que leche, carne de res y de borrego, mostaza y pan blanco. Esta conjunción de hábitos, que dio lugar a un nuevo estilo de vida, engendró también una estética y una moral nuevas que propiciaron el surgimiento de un arte laico. Su pueblo natal y la vida en el altiplano —incluida la cosmopolita ciudad de México de medio siglo—, hacen de Casimiro Castro un arquetipo del artista mestizo del siglo XIX.

Álbum: *México y sus alrededores.* Lám. *Antigüedades mexicanas que existen en el Museo Nacional de México 1857.* Litografía.

Los pintores José Agustín Arrieta, Ernesto Icaza, José Guadalupe Posada, José María Estrada y Hermenegildo Bustos, cronistas de la vida del pueblo y, con una vocación más estrictamente académica y elitista, José María Velasco, Juan Cordero, Santiago Gutiérrez y el Padre Carrasco, son otros prototipos del artista mestizo del siglo XIX. ¿Qué los caracteriza? Como queda patente en los cuadros de comedor de Arrieta o las caricaturas de Posada, ellos también son mestizos de pulque y de vino. A los métodos ortodoxos del historiador de arte que recalcan la dimensión espiritual, intelectual o emocional de la obra, preferimos acercarnos a estos artistas por medio de su cultura cotidiana, por lo que comen y lo que beben. Así como la historia universal establece que artistas y poetas como Henri de Toulouse-Lautrec, Paul Verlaine, Arthur Rimbaud, Charles Baudelaire y Gérard de Nerval no hubieran dejado la obra que les conocemos sin el ajenjo y el hachís, algunos de sus contemporáneos en México se identifican por tomar pulque y vino. Y probablemente mariguana, en el caso de Arrieta, en cuyos cuadros de comedor todo excita los sentidos, todo se huele, se saborea y se toca. Bebida sagrada en el México prehispánico, el pulque está durante la Colonia y la Independencia en la mesa de los ricos y de los pobres. En el siglo XIX es uno de los negocios más prósperos del país, mediante la explotación del maguey y la extracción de aguamiel a gran escala en las haciendas de los estados de México, Querétaro, Tlaxcala, Hidalgo y Puebla. De allí que se denomine

Descripción de la solemnidad fúnebre... Agustín de Iturbide octubre de 1838.
Lám. *Portada.* Litografía.

a la gente adinerada del siglo pasado la "aristocracia del pulque".

Para Casimiro Castro y la mayoría de los artistas agrupados con él en este texto, el pulque es de consumo más o menos moderado. De la misma manera, comparten los otros aspectos de la cultura indígena viva: la lengua (el náhuatl generalizado durante el siglo XIX en las provincias del altiplano); la alimentación (insectos, gusanos de maguey y *auauhtles* o huevecillos de mosca de lago, chiles, frutas tropicales y aguas frescas…), algunas prácticas medicinales de uso común (la herbolaria), así como ritos mágicos asociados al culto cristiano y símbolos que derivan en un

sincretismo religioso. Estéticamente la cultura indígena en el México independiente propició una revaloración —José María Velasco y Casimiro Castro, por ejemplo, reprodujeron esculturas y edificios arquitectónicos prehispánicos— e introdujo en el arte las formas y los conceptos de la cerámica, los bordados, la indumentaria y de las diferentes manifestaciones de la peculiar sensibilidad indígena.

Según la escasa información disponible, la familia de Casimiro Castro se trasladó a la ciudad de México cuando él era niño. Aquí, por la dinámica propia de la cultura urbana que participa de la modernidad mundial del medio siglo y por su trato con artistas e impresores extranjeros (especialmente franceses), el joven aspira a una preparación integral que admite novedades tan diversas como el periodismo, la fotografía, el vuelo aerostático, la máquina de vapor y la litografía. Los rasgos de la personalidad de Castro se repiten en muchos artistas coetáneos del siglo XIX. Por desgracia, hasta ahora no se ha analizado a fondo este mestizaje decimonónico para evaluar su efecto en la evolución de nuestros gustos y costumbres. La preocupación principal de estos artistas es definir a México como una nación independiente e identificar a los ciudadanos y a nuestra cultura como el resultado de la fusión del mundo indígena y europeo, una cultura nueva cuya complejidad rebasa la simple suma de sus orígenes.

LOS TALLERES LITOGRÁFICOS

Particular interés cobra en el aprendizaje de Casimiro Castro su desempeño profesional en los talleres litográficos que identificamos con base en sus obras editadas en asociación con Ignacio Cumplido, José Antonio Decaen. Édouard Baudouin, Víctor Massé y Michaud.

Casimiro Castro publica sus primeras láminas a los 23 años en el opúsculo titulado *Descripción de la*

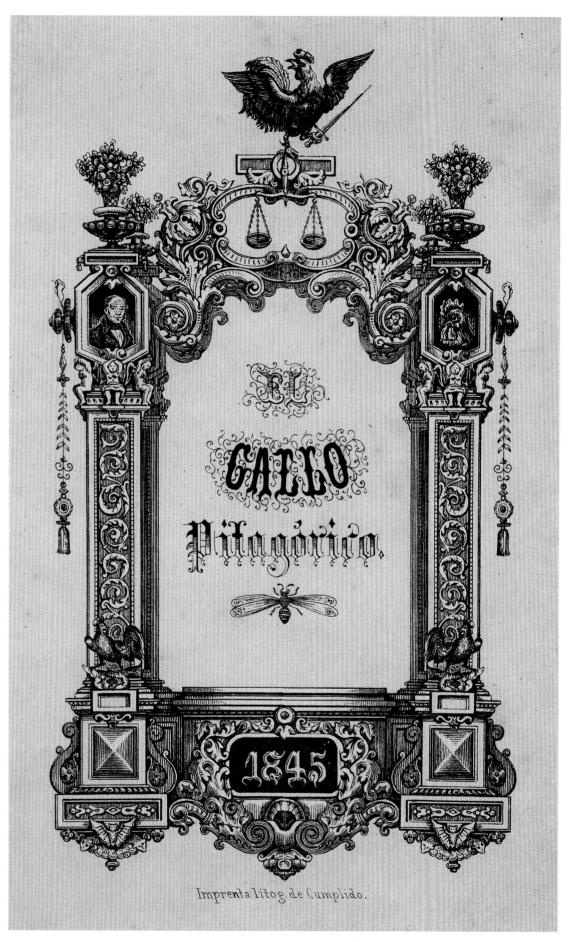

El Gallo Pitagórico. Lám. *Portada.* Litografía.

solemnidad fúnebre con que se honraron las cenizas del héroe de Iguala don Agustín de Iturbide, en octubre de 1838.[5] Desde entonces aparece asociado al más grande de los tipógrafos mexicanos y litógrafo impresor por excelencia: Ignacio Cumplido. Quien sabe hacer libros uniendo tipografía y reproducción de imagen es Cumplido, creador de las mejores ediciones del siglo XIX en este país. Cumplido debe haber transmitido muchas inquietudes a Casimiro Castro. Espíritu abierto, viajó varias veces a los Estados Unidos con el fin de comprar maquinaria y ponerse al día en cuanto a sistemas modernos de impresión. Poco después de esta obra inicial, Casimiro Castro efectúa para la casa editorial de Navarro y Decaen, según los créditos en la carátula del volumen, la impresión litográfica de los dibujos del escritor francés Édouard Rivière en la novela *Antonino y Anita o Los nuevos misterios de México.*[6] Por mi parte, sigo dudando de la veracidad de dichos créditos, ya que el conocimiento de la vida mexicana que acusan estas litografías refleja más la visión de un nativo que la de un espectador venido de otro continente. A mi juicio, algunas de las litografías fueron dibujadas y litografiadas por Casimiro Castro, en particular aquellas relacionadas con el género costumbrista. Posteriormente, el joven Casimiro Castro trabajará para el taller de José Antonio Decaen, haciendo algunas de las estampas de la revista *La Ilustración Mexicana:*[7] retratos, paisajes urbanos, dibujos arquitectónicos, tipos populares y alegorías. Con el mismo impresor efectúa las sucesivas ediciones de *México y sus alrededores.* En la segunda edición (1862) de este libro, Decaen está asociado con Víctor Debray.

De nueva cuenta con Debray y contratado por los propietarios de la empresa Camino de Fierro México-Veracruz, Casimiro Castro (al alimón con el ilustrador A. Signone) saca a la luz en 1877 el famoso *Álbum del Ferrocarril Mexicano*: gran actor del progreso es entonces la máquina de vapor que revolu-

ciona las comunicaciones, la geografía y la economía mundiales. A su contacto, el litógrafo ensancha sus horizontes. Se torna artista viajero, paisajista de llanuras, montañas, barrancas, bosques, ríos y selvas tropicales, y también de puentes y durmientes de fierro y madera, ultramodernos para la época. Asomándose por la ventanilla, a una velocidad "vertiginosa", concede a las imágenes y al ritmo de sus secuencias un sentido cinematográfico. La sucesión de estampas que abre en la ciudad de México y concluye en el puerto de Veracruz obedece a un guión que relata los triunfos del hombre sobre la naturaleza. Evidencia sólidas nociones de botánica, geología y arquitectura: una cultura general tan congruente no podría resultar de una formación autodidacta sino universitaria.

Casimiro Castro debe su éxito profesional a su experiencia con estos litógrafos impresores, a una práctica cotidiana y seria en los talleres de organización gremial heredada del virreinato. Pero quien ejerce la mayor influencia en su formación es José Antonio Decaen, con quien establece además lazos familiares. Hombre culto de nacionalidad francesa, Decaen llegó a México con amplios conocimientos en materia de tipografía y de técnicas de impresión litográfica. Su ascendiente es general en el arte del libro. Resulta revelador el crédito para Decaen en el frontis del libro *México y sus alrededores.* Además de otorgar la autoría al equipo formado por Casimiro Castro, Julián Campillo, Luis Auda y G. Rodríguez, especifica "…bajo la dirección de Decaen", lo cual significa que la paternidad del proyecto de editar este álbum corresponde a Decaen. Esto delata una admirable conciencia del abolengo de nuestra ciudad y de su proyección allende las fronteras territoriales. Decaen es el alma de esta publicación, indiscutiblemente la obra litográfica más ambiciosa realizada en México en el siglo pasado. Entre Decaen y Casimiro Castro se entabla asimismo una relación afectiva de índole familiar y amistosa. El jo-

Estación de Boca del Monte. Lápiz sobre papel. Cat. 82

ven contrae matrimonio con la hijastra del impresor, Soledad Cobo, hija de Modesta Cobo y del litógrafo impresor Baudouin. La boda se efectúa el 15 de febrero de 1857 en la ciudad de México, tal y como queda registrado en la fe del matrimonio siguiente:

> —*En esta Parroquia de Sr. San José de México yo el Cura de ella Dr. Francisco Ferreira* […] *en vista de no haber resultado impedimento alguno les asistió en su casa al Matrimonio y por palabras de presente contrajo Casimiro Castro soltero de treinta años hijo legítimo de Cristóbal Castro y de Ma. Blancas, originario y vecino de esta ciudad* [sic] *y feligres con Soledad Boduin, doncella de diez y ocho años, hija legítima de Eduardo Boduin y de Modesta Coba originaria y vecina de esta Ciudad y feligresa* […].

En su testamento, que localicé en el Archivo General de Notarías, José Antonio Decaen declara lo conducente:

> —*La condición que pongo a mi hijos es pagar los legados o donativos:* …*3) 3 mil pesos para Soledad Coba de Castro, todas las tres hijas de Doña Modesta Coba madre de los dos hijos que reconozco. 4) pagarán a Margarita Castro, hija de Don Casimiro Castro, mil pesos cuando se case.*
> —*Mi albacea es la Sra. Modesta Coba y el curador el sr. don Casimiro Castro.*

En el acta de apertura del testamento queda establecido que el curador y testigo Casimiro Castro no asiste porque habiendo fallecido su suegro en Orizaba, de vuelta de un viaje a Europa, se ausenta para recoger el cuerpo y atender el funeral. Esto revela que la relación entre José Antonio Decaen y Casimiro Castro fue tan estrecha que puede equipararse a la de padre e hijo. No se ha hecho justicia a Decaen. Todavía se le considera un simple impresor, cuando es el promotor de aquel libro básico en la producción artística de nuestro país. En cuanto a sus colaboradores de dicho proyecto, nuestra ciudad está en gran deuda con ellos.

INTRODUCCIÓN DE LA LITOGRAFÍA Y SU FUNCIÓN EN EL ARTE MEXICANO

En el siglo XIX el mundo sufre hondas transformaciones en el terreno de las libertades y, a consecuencia de estas batallas, en el campo de la libertad en el arte, favorecida por el progreso tecnológico. Surgen nuevos temas, preocupaciones técnicas, conceptos morales y estéticos. Alimentada por la filosofía de la Ilustración europea y las ideas liberales de las revoluciones francesa y estadounidense en aras de su independencia, la sociedad teocrática se muda en colectividad laica de aspiraciones democráticas. En México, este fenómeno se traduce en independencia, república, abolición de la esclavitud, gobierno representativo del pueblo y designado por votación, constitución y consagración de derechos constitucionales como la libertad de expresión. En el terreno artístico, coincide con el cambio del siglo XVIII al XIX, concretamente un cambio de arte religioso a arte laico. Triunfan géneros nuevos en la pintura, como el paisajismo y el costumbrismo, y nace el arte realista y romántico. En la literatura la tendencia dominante es el costumbrismo romántico practicado por Guillermo Prieto, José Joaquín Fernández de Lizardi, Vicente Riva Palacio, Manuel Payno, Luis G. Inclán y Niceto de Zamacois, entre otros.

Introducida en México por Claudio Linati en 1827, la litografía crea la cultura visual del mexicano y contribuye de manera fundamental a la construcción de nuestra nacionalidad. Con miras didácticas, define y difunde ante todo el pensamiento liberal. De carácter revolucionario y subversivo, expresa las ideas antimonárquicas y anticlericales, republicanas y democráticas. En síntesis, desde su nacimiento su razón de ser es la lucha por la libertad. En 1836 se establece en México el primer taller litográfico comercial público: Rocha y Fournier. Antes de esta fecha los artistas litógrafos dibujantes y los técnicos impresores hacen escasas litografías. Nuestros litógrafos pioneros son Hipólito Salazar, Hesiquio Iriarte, Plácido Blanco, Ignacio Serrano y Joaquín Heredia. Algunos de ellos se formaron con educación académica; otros, como pudieron. Pero estos precursores crearon el ambiente propicio al prodigioso desarrollo de esta invención del siglo XIX que pronto sería nuestra expresión artística más importante porque cautivó al mayor público. Cubre todos los temas: paisaje, costumbrismo, batallas, retratos, caricatura. Y plásticamente introduce la libertad creativa y técnica que liquida las convenciones académicas. Algunos de los artistas acceden a un estilo personal inconfundible.

Nuestros primeros artistas litógrafos son académicos perfeccionistas. A la cabeza de ellos está Hipólito Salazar (1824-1903), padre de la litografía mexicana. Conservador y disciplinado, logró la maestría en el dibujo y en la técnica litográfica comenzando como alumno de Linati y de Ignacio Serrano (1804-?, ingeniero topógrafo que levantaba mapas y planos litográficos). Salazar se dedica en particular a la reproducción de imágenes europeas, alegorías, desnudos, y esculturas y colabora en numerosas publicaciones durante el siglo entero. Su obra de acendrado mexicanismo no desdeña el sentido del humor y la crítica social. De Hipólito Salazar, Casimiro Castro hereda un posible adiestramiento en el dibujo formal. Es uno de los primeros litógrafos dibujantes que compra un taller y se vuelve litógrafo impresor.

Convoy de ferrocarril. Lápiz sobre papel. Cat. 185

Boceto de peine de vías. Lápiz sobre papel. Cat. 76

Proyecto para un monumento, 1865. Lápiz y gouache sobre papel. Cat. 156

Hesiquio Iriarte y Zúñiga (¿1824?-1903) colabora en las mismas publicaciones. Sus temas son el costumbrismo, escenas y tipos populares y caricatura social. Es de convicciones liberales.

Plácido Blanco, activo entre 1842 y 1877, desde sus primeros trabajos en *El Mosaico Mexicano* y *El Gallo Pitagórico* muestra gran dominio de la técnica litográfica. Es uno de los pocos artistas en introducir personajes fantásticos en la plástica —en su caso, en extraordinarias caricaturas publicadas en *El Gallo Pitagórico*.

Joaquín Heredia y Mestre (1797-?) fue director de Arquitectura de la Academia e ilustró conjuntamente con Casimiro Castro diversas publicaciones, entre ellas *El Gallo Pitagórico, La Ilustración Mexicana* y *El Museo Mexicano*. En *El Gallo Pitagórico*[8] Casimiro Castro es compañero de Hesiquio Iriarte, Plácido Blanco y Joaquín Heredia. Castro elabora la portada de este periódico por entregas editado finalmente bajo forma del libro.

Fuera de la retroalimentación con otros dibujantes y pintores mexicanos, estos litógrafos que tienen un trato directo con Casimiro Castro contribuyen a determinar la temática y los recursos que desarrollará en su obra, ya que todos comparten similares inquietudes estéticas y morales, como suele suceder entre artistas de un mismo grupo.

ANTECEDENTES ARTÍSTICOS

Papel muy importante en las mutaciones del arte en México jugaron los pintores viajeros que vinieron en expediciones patrocinadas en su mayoría por los gobiernos europeos y estadounidense, como la que trajo al barón alemán Alexander von Humboldt en 1803 a investigar nuestras riquezas naturales. México se convirtió en tierra prometida para las fuerzas extranjeras que querían apoderarse del país recién liberado de la corona española y sumido en la desorganización. Con el pretexto de inventariar los recursos nacionales, los exploradores comisionados en nombre de la ciencia lo depredaron cual aves de rapiña. Por su parte, los artistas quedaron subyugados por los tesoros naturales del país y por la personalidad de sus habitantes. Los más importantes de ellos fueron, por orden de talento, Johann Moritz Rugendas, Claudio Linati, Frédérick Waldeck, Carl Nebel, John Phillips, Daniel Thomas Egerton, Pietro Gualdi, y Louis Gros entre otros.

El pintor alemán Johann Moritz Rugendas (1802-1858)[9] merece mención aparte, aunque hoy siga valorado a medias. Discípulo de Jacques-Louis David, es uno de los importantes pintores europeos decimonónicos y el introductor del paisaje nocturno en el arte mexicano. Rugendas refleja una gran afinidad con Casimiro Castro en lo que atañe a los tipos y a la indumentaria mexicanos o, dicho de otro modo, a la intención costumbrista. Basta comparar su ilustración *Soldaten und proletarier* (Soldados y proletarios), traducida al español como *Soldados (cívicos) de la tierra*

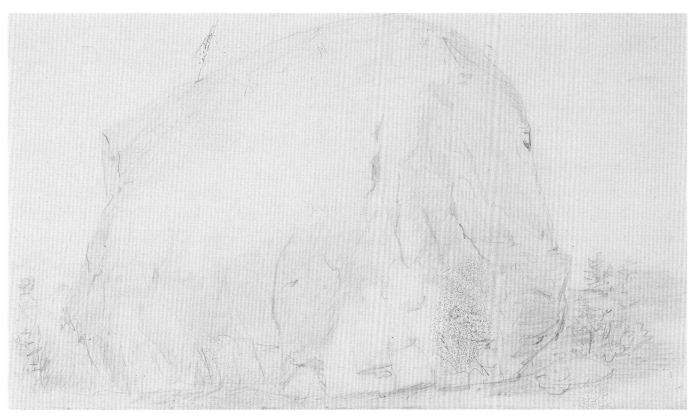

Roca. Lápiz sobre papel. Cat. 17

caliente y fruteros, con *Trajes mexicanos. Soldados del sur* de Casimiro Castro, para advertir una copia casi fiel de algunos de los personajes.[10] La obra de Rugendas presenta una puesta en escena costumbrista en un paisaje exterior de árboles, un nopal, volcanes y una catedral. La de Castro, ubicada también en exterior, queda delimitada al fondo por el edificio del ayuntamiento. La figura del soldado con lanza, de vestimenta blanca, brazos cruzados y boca semiabierta es idéntica al homónimo ubicado en el extremo derecho de la obra citada de Rugendas. Lo mismo ocurre con el soldado del mosquetón, sentado al costado derecho, y con el que está a su lado de pie, así como con el conjunto de lanzas paralelas al lado del caballo; todos estos detalles se inspiran en la obra del alemán, como ocurre en varias litografías de Castro.

El parmesano carbonario, conde Claudio Linati (1790-1832), también discípulo de Jacques-Louis David, fundador del primer periódico ilustrado mexicano, *El Iris* (1826), dedica el primer álbum litografiado sobre México, publicado en 1828 en Bruselas, a la identificación temprana de tipos mexicanos a través de la indumentaria, rasgo del espíritu romántico que encomia el pasado de los pueblos y sus particularidades culturales.[11] Muestra, en sus estampas a color, figuras costumbristas sin discriminación de clase. Si bien los rasgos faciales no concuerdan con la fisonomía local, sí son verosímiles la indumentaria y los accesorios que revisten los personajes. Suelen hallarse gesticulando o en alguna pose, con el atributo adecuado para su respectiva identificación. La obra de Linati nos provee de un antecedente importante a la de Casimiro Castro en relación al tipo de vida y la indumentaria del mexicano de la segunda década del siglo XIX, proporcionándole a Castro una fuente visual y permitiéndole, a su vez, un campo para explotar tres décadas después.

Frédéric Waldeck (1766-1875),[12] nacido en Praga y nacionalizado francés, contemporáneo de Linati, es un aventurero de fantasía desatada que nos brinda el primer testimonio visual de la civilización maya. Presiente estar ante algo portentoso, pero cree estar viendo a los asirios o a los egipcios. Se dedicó a los monumentos del México prehispánico y publicó sus litografías en 1827.

El alemán Carl Nebel (1805-1855) es arquitecto de profesión, pintor y litógrafo. Permanece en México durante cinco años, lapso que abarca su álbum *Viaje pintoresco y arqueológico por la República Mexicana 1829-1834*,[13] que ilustra con una combinación de paisajes de las ciudades de México, escenas costumbristas y dibujos de arquitectura prehispánica: una imagen panorámica de la sociedad y de su entorno físico, recientemente consumada la independencia.

El libro *México Ilustrado*[14] de John Phillips (1817-1867),[15] pintor y litógrafo inglés empleado de la compañía minera inglesa de Real del Monte, incluye 20 láminas que representan paisajes y vistas de la capital, de Campeche, Veracruz, Puebla, Zacatecas, Matamoros y otros paraderos de provincia.

Daniel Thomas Egerton (1800-1842), pintor y físico inglés, se instala en México hacia 1830. Interesado en los paisajes, las ciudades y la vida cotidiana, en su obra pictórica restituye con cuidado la perspectiva y los detalles.[16]

Monumentos arquitectónicos y perspectivas de la ciudad de México (Massé y Decaen, México, 1841) del pintor y escenógrafo italiano Pietro Gualdi (¿-?), es el primer álbum dedicado a esta ciudad, realizado por un litógrafo extranjero establecido en nuestro país. Como tal, es el antecedente inmediato de *México y sus alrededores*: Castro, en la factura del dibujo arquitectónico, se inspira visiblemente en la obra de su predecesor. Es un testimonio, más que una gran obra de arte, de los principales edificios (fachadas e interiores) descritos algunos como un escenario de teatro. Es asimismo el primer álbum que se dibuja y se imprime en México sobre nuestra metrópoli.

Álbum: *México y sus alrededores.* Lám. *Trajes mexicanos. Soldados del Sur 1855.* Litografía a color.

Palacio Nacional.
Litografía acuarelada
y tinta. Cat. 4

Hijo del barón Jean Antoine Gros, pintor de batallas y de campañas napoleónicas, el francés Jean Baptiste Louis, segundo barón de Gros (1793-1870), permanece en México como diplomático entre 1831 y 1836, recorre la provincia repetidas veces y plasma sus visiones de la grandeza del altiplano mexicano.[17]

El dibujante y arquitecto inglés Frederick Catherwood (1799-¿?), junto al arqueólogo estadounidense John Lloyd Stephens (¿-?), se dedica a explorar y plasmar las ruinas mayas.[18]

Mediante temas tan variados, adquirimos una visión completa de la vida local en sus aspectos sociales, políticos, comerciales y humanos. Estos álbumes presagian la obra maestra de Casimiro Castro, *México y sus alrededores,* y explican en parte la formación del artista como litógrafo y acuarelista.

LIBROS Y CASAS DE ESTAMPAS

Los artistas siempre han aprendido de los grabados. Muchos suelen incluso trasladarlos al lienzo. Al introducirse la litografía las imágenes de temas más diversos se multiplicaron y se marcaron a precio accesible. Conformaron desde luego una fuente de conocimiento, especialmente para los artistas. Con toda seguridad Casimiro Castro amplió sus conocimientos del dibujo y de la perspectiva a través de las que llegaban a México. A mediados del siglo existían aproximadamente trece casas vendedoras de estampas, entre ellas la de Jules Michaud, la de Trinidad López, la de José Rosett y el Almacén de Estampas.*

Los libros de consulta en la comunidad artística eran de topografía, de litografía o métodos de dibujo. La fecha de publicación del volumen *Cimientos del artista, dibujante y pintor*[19] (1866) del pintor italiano Eugenio Landesio, posterior a la de *México y sus alrededores,* indica que el manual no sirvió en la formación propiamente dicha de Casimiro Castro, aunque Landesio, llegado a México en 1855, sin duda tuvo algún contacto con el litógrafo.

INSTRUMENTOS

En la obra de Casimiro Castro destacan un excelente dibujo y evidentes conocimientos en el campo de la arquitectura, así como un probable uso de aparatos como objetos auxiliares, utilizados por viajeros de la época, militares, *aviadores* y topógrafos. Al presentar algunos de estos aparatos no pretendo someterlos a una investigación científico-técnica, sino destacar el ingenio que tuvo gente como Casimiro Castro para auxiliarse de instrumentos ajenos a su campo de interés. Los artistas viajeros empleaban aparatos, sobre todo de óptica y de medición (binoculares, teodolito, telescopio, daguerrotipo, pantógrafo, fotometría, estuches de dibujantes que contienen regla, transportador y escuadra utilizados por los ingenieros, y otros). El teodolito, por ejemplo, podía medir el tamaño real del objeto, ayudando a visualizarlo desde una distancia lejana, además de proveer la facilidad de medir sus ángulos. Posteriormente el dibujante podía disminuir o ampliar dichas medidas y traducirlas al papel de la manera más real y proporcionada.[20] Otro aparato que permite ver el objeto lejano es el tipo de telescopio[21] que, por medio de una cantidad de lentes convexos y la distancia entre ellos, acerca o aleja la imagen. Ésta se recibe, en términos ópticos, reducida e invertida, mientras que nuestro cerebro se encarga de colocarla al derecho.

Es curioso e interesante el uso del globo aerostático para captar una perspectiva a vuelo de pájaro. Esta máquina que se eleva ingrávida, en principio gracias al aire dilatado por el calor en su interior y después al gas hidrógeno, es un invento de los hermanos Montgolfier en 1783 en Francia. En México, G.E. Robertson y el mexicano Benito León Acosta, luego de un intento en 1833 del francés Adolphe Théodore, reciben del presidente Santa Anna una "patente para que durante cinco años nadie pudiera volar en globo".[22] Unos veinte años más tarde Casimiro Castro

Fachada de "Ferretería y Mercería de José María del Río". Lápiz sobre papel. Cat. 167

Fachada del edificio ubicado en la esquina que forman las hoy calles de 5 de Febrero y República del Salvador. Lápiz sobre papel. Cat. 191

reproduce la Villa de Guadalupe desde una perspectiva a vuelo de pájaro, ampliando el panorama con el paisaje que la rodea. El santuario, desde arriba, produce una impresión monumental e imponente. Esta litografía fue captada desde un globo aerostático el 12 de diciembre de 1856, día en el que "…el jefe de gobierno y las autoridades todas de México concurren de grande uniforme y solemne procesión a la catedral de Guadalupe, donde se celebra una función religiosa con tanto lujo y esplendor como pudiera en la misma capital de la cristiandad".[23] Castro escoge un día glorioso para el pueblo mexicano, fácilmente identificable por cualquier ciudadano, además de ubicarnos junto a él cual si nos halláramos dentro del globo. Tales vistas panorámicas significaron un cambio de la visión del mundo.

En 1839, tras el descubrimiento de la cámara oscura en el siglo XVIII, se hace público el procedimiento del daguerrotipo en Francia. Nicéphore Niepce, el litógrafo, y Louis Daguerre, pintor de decorados para teatro, encuentran la solución para fijar la imagen químicamente ofrecida por la cámara obscura al agregar rayos luminosos.[24] Los periódicos difunden de inmediato la novedad[25] mientras que en México, el 26 de enero de 1840, se lleva a cabo una práctica daguerrotípica en la Plaza de Armas.[26] Este uso de la placa argentada comienza a propagarse también entre los fotógrafos itinerantes, dibujantes, pintores, arqueólogos. "Varios mexicanos de buen gusto —observa el periódico *Almacén Universal* en marzo de 1840— poseen ya dibujos que representan algunos de nuestros más hermosos edificios, y que si se consigue vencer los obs-

La Ilustración Mexicana. Lám. *Portada.* Litografía.

táculos que la luz presenta para copiar esta clase de dibujos en la piedra litográfica, tendremos la satisfacción de dar al público una muestra de lo que produce el maravilloso aparato del Sr. Daguerre".[27] En México el artista viajero Friederich Stahl emplea el daguerrotipo durante su estancia en Yucatán, alrededor de 1840; también el arqueólogo John Lloyd Stephens, como ayuda para el dibujo de los monumentos en ruinas.[28]

Si bien no tenemos fuentes explícitas y precisas respecto del uso del aparato fotográfico en la obra de Casimiro Castro, el litógrafo es testigo de la época en que nace y evoluciona el invento. Además, podemos deducir que a mediados del siglo XIX la cámara oscura constituía ya un implemento de uso común entre dibujantes, pintores, litógrafos y otros.

La obra de Casimiro Castro relacionada a la arquitectura conjuga dos campos diferentes mas no incompatibles, el primero cargado de sensibilidad: el arte; el segundo, dominado por la razón: la ciencia.

Algunas obras esenciales y ejemplares del vínculo arte/arquitectura sirvieron de fuente para todos los artistas que siguieron: *Quattro libri dell' Architettura* de Andrea Palladio, Venecia, 1581; *Prospettiva de pittori de architetti...* (1748) de Andrea Pozzo y *Architettura e prospettive* (1759) del artista barroco Giovanni Battista Piranesi, entre muchas otras que se publicaron desde el Renacimiento.[29]

Al confrontar el primer libro del siglo XVI y una litografía de Casimiro Castro anterior a aquéllas de *México y sus alrededores,* encontramos similitudes en el tratamiento arquitectónico de la composición. El artista mexicano, en la portada de la revista *La Ilustración Mexicana,* publicada por I. Cumplido en 1851, reproduce el arco triunfal sobre las columnas, las musas del arte y la literatura recostadas sobre la parte superior del arco y apoyadas sobre las columnas laterales, así como los ángeles, elementos muy vistos ya a finales del siglo XVI. No se trata de un plagio de la ilustración de Andrea Palladio, sino de la prueba de un gran conocimiento de las soluciones formales arquitectónicas por parte de Casimiro Castro en cada uno de sus detalles.

El interés por la arquitectura era frecuente entre los artistas de esta época, sobre todo entre aquellos pintores que describieron los edificios de la república mexicana, ya sea como curiosidad y atracción para extranjeros o bien como documento y testimonio mexicano. El arquitecto y viajero Carl Nebel aborda tres temas de interés local: arqueología, urbanística y costumbrismo. La urbanística como sección de la arquitectura es "...en buena parte... (un tema) paisajístico, si bien siempre en referencia a las ciudades".[30] *Panorama de Tacubaya, El Castillo de Chapultepec,* dos vistas de la *Plaza Mayor de*

México, se hallan entre algunos de los títulos referentes al tema en cuestión. La ilustración de Nebel de la Plaza Mayor de México, aquélla que se divisa "...desde la desembocadura de la calle de Plateros (y que) muestra la catedral en toda su grandeza... a la derecha se ve parte del Palacio Nacional, ...y la cúpula de la Iglesia de Santa Teresa",[31] nos hace comprender la captación del mismo motivo por parte de Casimiro Castro en *México y sus alrededores*. El punto de vista que escoge Nebel abarca un amplio ángulo desde una posición elevada que, a manera de fotografía, es encuadrado y cerrado desde la izquierda con un edificio en cuya planta baja se halla una *vinotería,* y por la derecha deja el espacio abierto. La catedral, así, se eleva dentro de una amplia perspectiva, ocupando el centro de la composición, flanqueada por los edificios colindantes. Gente montada a caballo, de paseo o platicando, mestizos cargando bultos, todos con su indumentaria propia, así como carrozas estacionadas, llenan el espacio anterior a la catedral, sobre todo aquella porción cercana al espectador. La visión, entonces, se percibe objetiva y generalizada, a pesar del ambiente anecdótico provisto por el enfoque costumbrista.

Casimiro Castro, a diferencia de Nebel, presenta sus ilustraciones de un modo subjetivo al acercarse al punto de vista que le interesa proyectar y al involucrar al espectador. Su ubicación respecto al punto de interés refleja un conocimiento mayor del lugar y de las figuras, así como una entrega en la escena entera. El paseo de *Las Cadenas en una noche de luna* en *México y sus alrededores* se presenta desde el mismo punto de vista que la obra mencionada de Nebel. Sin embargo, Casimiro Castro se acerca hacia la cruz, disminuye el ángulo abarcado y penetra en la noche iluminada por la luna, desde el lado superior derecho. Su condición de mexicano le permite recrear una escena de la vida cotidiana local e introducir al espectador cual si fuera uno de sus protagonistas. "Los paseos a la luz de la luna, tienen cierto aspecto original y melancólico —afirma Flo-

rencio M. del Castillo en su comentario a la ilustración—. En México el único concurrido a esas horas es el de las Cadenas".[32] Por lo pronto, la ilustración de Castro no necesita un espacio mayor, al contrario: prefiere ofrecer más detalles dentro de una composición reducida, escogiendo el detalle predilecto.

En *Plaza Mayor de México* (incluida en *México y sus alrededores*) Castro alcanza la misma subjetividad. Se sitúa en un ángulo elevado y logra incluir los edificios que rodean la extensión de la Plaza Mayor: la Catedral, el Palacio Nacional y el Palacio Municipal, enmarcando la composición con construcciones de viviendas desde cuyas azoteas nos introduce a la escena como si fuéramos uno de los personajes que observan el desfile. Asimismo presenta detalles triviales como ropa tendida o gente resguardándose del sol con sombreros y sombrillas. Así, desde las azoteas bajamos la mirada hacia el centro de la imagen, y de ahí a la visión panorámica del paisaje montañoso y de colinas al fondo. Este juego de perspectiva cercana y lejana en una misma escena confiere peculiaridad a la obra de Casimiro Castro. Nebel, sin embargo, al poseer una mirada objetiva, ofrece una visión más amplia, sin necesidad de incluir los detalles, sobre todo arquitectónicos, pero sin lograr el acercamiento cálido y familiar que brinda Castro. Sutilmente, en esta imagen Castro indica las fuerzas de poder del México independiente y su correlación política, así como la participación activa de los civiles.

El italiano Pietro Gualdi, antecedente aún más cercano a la obra litográfica de Casimiro Castro, llega a México en 1838 como escenógrafo, pintor, maestro de perspectiva y litógrafo, y deja su huella en el álbum sobre los monumentos capitalinos. Se sabe que Gualdi impartió clases de perspectiva en la Academia de San Carlos en 1850 y tomó parte en la exposición organizada por la misma en 1855.[33] Si continuamos con la visión de los diferentes litógrafos, obviamente aquellos cuyas afinidades son compatibles, y avanzamos en el tiempo en relación al mayor símbolo arquitectónico

Lago de Texcoco. Acuarela sobre papel. Cat. 12

nacional, la catedral, veremos dónde se ubica Gualdi. El italiano abarca una vista más amplia de la que divisamos en *Las Cadenas en una noche de luna* de Casimiro Castro, al pararse en la esquina de la calle de Plateros y Monte de Piedad, una de las entradas al Zócalo. Incluye el edificio contiguo al portal de los Mercaderes, con el que cierra la composición por el costado izquierdo, ofreciendo al monumento religioso una gran porción de la composición en el centro y costado derecho. La catedral, descrita de día, se yergue con claridad y precisión en la arquitectura y perspectiva propia. Agrega diversos tipos de figuras, pordioseros, hombres con chisteras, a caballo o en carroza, y parejas caminando. Maestro y discípulo utilizan todos los conocimientos de arquitectura posibles, la perspectiva,

el concepto topográfico de levantar planos, el uso de las paralelas que se unen en el infinito, entre otros recursos, además del detalle perfeccionista.

John Phillips presenta en su libro *México Ilustrado* (1848) el *Interior de la Catedral* a través de un detalle escogido desde el cual vemos el coro en el centro y el órgano. El gran recinto, descrito con admirables conocimientos arquitectónicos, se halla ricamente decorado, y poblado de gente humilde, parada y rezando. Casimiro Castro, en el *Interior de la Catedral* de *México y sus alrededores,* elige un detalle más amplio que el de Phillips: en primer lugar pareciera estar parado en el coro, ya que se aprecian los dos costados del mismo —como si se tratara de un encuadre fotográfico— a los lados de la litografía, punto desde el cual proyecta al

Interior de la Catedral de México. Litografía. Cat. 204

espectador hacia el altar de los Reyes ocultado por el ciprés. Desde tal ubicación no sólo ofrece una profunda perspectiva hacia el fondo sino también hacia arriba, alcanzando la cúpula central con el detalle del fresco de la Asunción de María Santísima. Logra incluso describir parte del costado izquierdo, con los respectivos detalles arquitectónicos: veamos el tratamiento de la ventana circular como ejemplo de sus conocimientos de arquitectura. La ventana fue realizada en isometría, es decir que se describe el cuerpo geométrico en sus tres dimensiones, visto de frente, de lado y desde arriba. Así, la ventana interior se ve excéntrica (sale del centro) y para dar la sensación de profundidad se pinta el círculo en blanco, mientras que si viéramos por fuera se apreciaría cual si fuera una pequeña cúpula. De este modo, el círculo se transforma en una forma oval. En suma, Casimiro Castro devela en esta escena religiosa la solemnidad del poder eclesiástico en México. Se respira en ella la presencia de los notables que asisten por rigurosa invitación.

MÉXICO Y SUS ALREDEDORES

Este libro es la obra medular de Casimiro Castro. Un siglo y medio ha pasado desde su publicación y su parte pictórica sigue careciendo de un análisis serio. Contiene textos de Niceto de Zamacois, Francisco Zarco, Manuel Payno e Hilarión Frías y Soto, entre otros, que comentan las láminas. La temática de las ilustraciones abarca vistas aéreas, visión del indígena, del criollo y del mestizo, arquitectura religiosa, civil y edificios oficiales, servicios municipales, paisaje urbano y semirural: tópicos entrelazados que recobran la dinámica de la sociedad mexicana durante la Independencia, así como el paisaje poblado de supervivencias prehispánicas y coloniales.

El libro reúne cuarenta litografías (incluida la portada), catorce delineadas y litografiadas por Casimiro Castro solo (aproximadamente el 40%), diecinueve por Casimiro Castro y Julián Campillo juntos (un 50%), dos elaboradas entre Castro y Luis Auda, otro par al alimón con G. Rodríguez, y otro tanto reproducido sin crédito. El autor principal es Casimiro Castro, sin embargo el libro es el resultado de un trabajo de equipo, de una labor de taller.

El frontispicio del libro, obra exclusiva de Casimiro Castro, recuerda las evocaciones de la entrada al paraíso en la iconografía renacentista. En esas representaciones convencionales, un ángel o Dios Padre vigilan desde el dintel de la puerta. Casimiro Castro, en su lugar, coloca un cabeza prehispánica esculpida que a mi juicio no pretende personificar a un dios tutelar sino a la Patria, en una alegoría de rasgos femeninos juveniles. La vegetación de cactáceas en este pensil mexicano remite a las plantas sagradas de la cosmogonía náhuatl; es característica del altiplano —a excepción del plátano tropical— y, por ende, de Tepetlaoxtoc, su pueblo natal, cercano a Texcoco, capital del reino de Nezahualcoyotl, y a Teotihuacan, la ciudad de los dioses prehispánicos. La encarnación de Adán y Eva en la imagen corresponde a tipos indígenas: la mujer, de cabello trenzado y descalza, está ataviada de *quexquemetl, titixtle* y faja bordada en la cintura; Adán, de tlachiquero, absorbe con un *acocote* el *necutli* o aguamiel del maguey, que al fermentarse dará aquel vino de los dioses que tras el desplome de la civilización azteca se convirtió en una bebida popular. Eva lleva en la mano dos puntas de penca de maguey, según el antropólogo Édouard Seler[34] atributos de Xochiquetzalli, mujer que supuestamente repobló México después del diluvio, nos dice Francisco Clavigero. Por extensión, encarna a Xochiquétzal, diosa del nuevo crecimiento, de la juventud y de los juegos, o a sus contrapartes masculinas, Centéotl, dios de maíz, y Xochipilli, "cuyas funciones —afirma el antropólogo Georges C. Vaillant— asociadas con las flores, la juventud y los juegos son casi sinónimas".[35] La presencia de esta Eva y de su doble en el dintel de

Álbum: *México y sus alrededores*. Lám. *Frontispicio*. Litografía a color (primera versión).

Álbum: *México y sus alrededores*. Lám. *La Villa de Guadalupe. Tomada en globo el día 12 de diciembre*. Litografía a color.

la puerta invoca al *tlalocan*, jardín de las delicias donde eran recibidas las almas de los muchachos sacrificados a Tláloc; paraíso celestial de la mitología náhuatl localizado en Teotihuacan, a tiro de piedra de Tepetlaoxtoc. Entre los cactus y las guías de calabazas, cabezas de ídolos semiocultas y derribadas señalan la presencia herida de la cultura prehispánica.

Las vistas aéreas tomadas desde un globo, un promontorio o una azotea, son una "especialidad" de Casimiro Castro *(La Villa de Guadalupe. Tomada en globo, La Villa de Guadalupe. Tomada desde Chapultepec, La Plaza de Armas de México vista a ojo de pájaro, La Alameda de México. Tomada en globo, El Valle de México. Tomado desde la alturas de Chapultepec, La ciudad de México. Tomada en globo)*. Todas son de su

autoría exclusiva. Los vuelos aerostáticos modificaron la visión del paisaje, de la arquitectura y de la vida misma, al introducir la perspectiva desde arriba que abrazó por primera vez los 360 grados. Cobrar un campo visual total transformó la psicología, la filosofía y la estética. El hombre reinventaba el mundo, se volvía dueño omnipotente de la Tierra ilimitada. La primera vista aérea de la ciudad de México fue creada por Casimiro Castro para la edición de este libro. Enaltece la monumentalidad del panorama y combina la precisión del detalle (casas reconocibles una por una desde las azoteas) y la sensación de infinito, a la vez que realza el aspecto "doméstico" de la ciudad vuelta una miniatura. La catedral y las parroquias, los parques públicos y las vecindades, la penetración

Álbum: *México y sus alrededores*. Lám. *La Alameda de México. Tomada en globo*. Litografía a color (segunda versión).

del campo en la mancha urbana, la sombra de las nubes integrada al paisaje, son presididos por la pareja de volcanes Popocatepetl e Ixtaccihuatl, soberanos símbolos nacionales. En su género esta imagen es una obra maestra: con ella la ciudad de México será identificada como una de las más grandiosas del mundo y sin lugar a dudas como la más importante de América en el siglo XIX. Por su parte, existen varios antecedentes de *La Villa de Guadalupe tomada en globo*, exaltación del nacionalismo religioso guadalupano: aquel óleo del siglo XVIII[36] que evoca las populares festividades religiosas del 12 de diciembre, una de las primeras escenas que incorpora multitudes al paisaje; otro cuadro colonial de excepción, *La Plaza Mayor de México en el siglo XVIII*,[37] y las

vistas aéreas de la ciudad de México en la pintura virreinal o en la cartografía de mediados del siglo XVIII (por ejemplo, el plano de la ciudad de México por Villaseñor en 1750). Al dibujar la Basílica, Casimiro Castro integra en una sorprendente unidad, el monumento arquitectónico, los cerros, la masa etérea del cielo y el hormiguero de peregrinos. En *La Alameda de México. Tomada en globo,* panorámica de poniente a oriente que muestra los linderos de la ciudad y del campo, evoca el paseo de los capitalinos en su remanso más concurrido. *El pueblo de Ixtacalco. Tomado en globo,* vista fascinante de una villa lacustre, nos transporta a las aldeas de los códices prehispánicos, con su sistema hidráulico de canales, sus huejotes, su templo rodeado de casas de adobe y

Álbum: *México y sus alrededores.* Lám. *El pueblo de Ixtacalco. Tomado en globo.* Litografía a color (primera versión).

jacales de techos de palma de dos aguas. El transporte y comercio en canoas, trajinera y un barquito de vapor acentúa la gracia peculiar de esta población de la periferia.

La vida indígena es otro tema recurrente de *México y sus alrededores.* Casimiro Castro y Julián Campillo no lo traducen con sentimentalismo, lo tratan como una condena sincera de la pobreza. Por su parte, los mestizos y criollos están retratados en sus actividades cotidianas, sus paseos y fiestas al aire libre *(La Fuente del Salto del Agua* coronada por esculturas alegóricas de Europa y América, *El Calvario de San Agustín de las Cuevas, Paseo de Bucareli, Interior de la Alameda de México),* en escenas costumbristas o francamente oníricas (el bosque encantado de *La Glorieta.*

En el interior del Bosque de Chapultepec y *Las Cadenas de una noche de luna,* ambas delineadas y litografiadas por Casimiro Castro).

Bajo el título genérico de *Trajes mexicanos* se intercalan en el libro siete litografías con este tema. Al igual que Claudio Linati, con el pretexto de documentar la indumentaria, Castro emprende un estudio del mexicano como ciudadano de un país que vive los primeros años de su independencia, arrastrando supervivencias del virreinato. La primera de estas láminas, que cuando menos debería llevar el subtítulo "Harapos de indígenas desposeídos", describe los oficios peor remunerados: nevero, *atlatlacuic* o aguador, vendedor de cabezas de carnero, de jaulas de pájaros, de frutas, de pescado, con al centro, de espaldas, el

Álbum: *México y sus alrededores*. Lám. *El Calvario. En San Agustín de las Cuevas*. Litografía a color.

cargador o mecapalero (el *mecapal* es una "faja de cuero que en México se ponen en la frente los mozos de cordel y los indios para llevar a cuestas la carga, sujeta por dos cuerdas que parten de los extremos de dicha faja de cuero").[38] Esta lámina denuncia las condiciones infrahumanas en que vive la mayoría de los indígenas en el país. Pese a la composición fraccionada como un *collage* de figuras autónomas, el conjunto se revela dinámico: no se perciben individuos inconexos sino la vida con sus vaivenes cotidianos (sensación reforzada por el movimiento de las líneas diagonales convergentes). *Camino de Tacubaya a Chapultepec. Trajes de indios mexicanos,* en cambio, ilustra la dignidad en la pobreza de unos campesinos indígenas rumbo a los mercados de la capital. Son humildes pero en el campo conservan su respetabilidad y sus modestos bienes (vivienda, solar de labor para vivir como persona); sin embargo en el fondo de la

imagen se delinean unos mestizos charros, uno de ellos a caballo, como una sugerencia de mejoría. En otros *Trajes mexicanos,* al frente del palacio ubicado en la esquina de las calles de Plateros y de Monte de Piedad, y restituido cual una escenografía para lucir a los protagonistas, se codean tres grupos de personajes: una familia indígena que más pobre no puede ser; al centro, dos bellas criollas que pasean su soberanía con chal de tafetán y mantilla; en el extremo derecho, un pulquero cargando odres y un mantequero o tocinero de aspecto lamentable. En esta escena costumbrista colindan tres núcleos compositivos. A una estructura dividida en dos partes autónomas obedece el siguiente *Trajes mexicanos:* dos grupos, uno formado por un cacahuatero y sus marchantes, el otro por unos criollos, este último tomado nuevamente del grabado de Rugendas *Bürger und Marktleute,* mal traducido en la edición original de *México y los mexicanos* como

Álbum: *México y sus alrededores*. Lám. *La Glorieta. En el interior del Bosque de Chapultepec*. Litografía a color.

Placeros y rancheros. La diferencia en el dibujo de cada grupo se debe a la mano de Campillo y la de Castro, respectivamente. La antepenúltima estampa de la serie subraya una vez más el deseo de definir al mexicano como "un ser único en la Creación", en este caso por medio de la figura del charro apuesto (padre de nuestras estrellas cinematográficas Jorge Negrete, Pedro Infante, Raúl de Anda "el charro negro", Emilio "el indio" Fernández). El traje del personaje y de su caballo habían de crear el perfil del macho mexicano. Identifiqué al personaje, Luis Gonzaga Inclán, escritor y litógrafo, gran aficionado a la charrería. El caballo representado es Chamveri, al que Inclán dedicó uno de sus relatos. En el lado opuesto una familia indígena cosecha tunas y al fondo se ven un jinete y una

ecuyère montando en pareja. En la escena descrita en *Trajes mexicanos. Soldados del sur* aparecen los reclutas que defendieron el Plan de Ayutla (indígenas de Guerrero en su mayoría, llamados "pintos" por la enfermedad endémica en ese estado, que mancha o despigmenta la piel), parados frente a la iglesia de San Francisco, aquí mero telón de fondo de sus siluetas que delatan una pobreza extrema. No está por demás señalar que esta litografía anuncia las escenas revolucionarias de la escuela mexicana de pintura del siglo XX. La última litografía de la serie reúne nuevamente dos conjuntos independientes que forman una escena costumbrista. A la izquierda vemos a unas mestizas (prototipos de la belleza femenina mexicana: tez morena clara, ojos grandes, boca chica, nariz chata,

Tipos Mexicanos.
Lápiz sobre papel. Cat. 9

trenzas sedosas, rebozo, sin olvidar el pie diminuto que asoma bajo las enaguas) junto a unos charros con el sarape de usos múltiples que completa su vestimenta. Frente a ellos, una familia indígena.

Casimiro Castro y Julián Campillo consagran en estos trabajos el género costumbrista en México y narran la gran transición de la sociedad y la cultura de la época virreinal al siglo XIX. Elemento importante de esta mutación es desde luego la preponderancia del núcleo civil sobre el clero y los militares. Esto explica, aún hoy, nuestras diferencias respecto a otros países de América Latina.

La arquitectura, ya lo vimos, está omnipresente como materialización de la grandeza de la nación: con frecuencia opera como un transfondo escenográfico, creando la atmósfera fastuosa necesaria a la idealización de la convivencia entre la ciudad y sus habitantes *(La Fuente de la Tlaxpana, Plaza Guardiola, Teatro Nacional de México)*. La representación de la arquitectura religiosa merece una atención especial, ya que con su magnificencia simboliza el poder de la Iglesia católica romana en el México del virreinato, de la independencia y del medio siglo *(El Sagrario de México, Atrio del Convento de San Francisco)* o bien consagra a la Catedral como nuestro máximo emblema nacional en materia de edificaciones *(Interior de la Catedral de México. En el día 26 de abril del año de 1855 en que se celebró en ella la declaración dogmática de la Inmaculada Concepción de María Santísima)*. Un ejemplo de arquitectura civil es *La Casa del Emperador Iturbide,* sede de esta exposición de Casimiro Castro, bastión de la nobleza virreinal que la prestó para la farsa del imperio de Iturbide, absurdo regreso al vasallaje colonial. Delineada y litografiada por Castro —como es costumbre cuando de arquitectura se trata—, esta estampa demuestra la maestría sin par del autor en el dibujo de edificaciones. Los servicios municipales están personificados por la policía *(Casa Municipal o Diputación)* o representados por el

tianquiztli (la extraordinaria *Calle de Roldán y su desembarcadero:* vientre y corazón de México, parafraseando a Émile Zola describiendo en la misma época al "vientre de París"), el mercado moderno de estructuras metálicas que intenta suplantar al comercio callejero *(El mercado de Iturbide, Antigua plaza de San Juan),* y el transporte (los sitios de calesas y carruajes en la *Plaza de Santo Domingo). La calle de Roldán y su desembarcadero* es una apoteosis de vida. Castro y Campillo traducen la abundancia y el bullicio de este mercado al aire libre a donde llegaban las frutas y verduras de los lagos de Xochimilco y de Chalco, con una composición anárquica e instantánea que supera las mejores páginas de nuestros cronistas capitalinos. Esta litografía es una obra esencial en el arte decimonónico: inicia y lleva a su suprema expresión la representación de las multitudes. Es grande su proyección en el arte del siglo XX. Diego Rivera se inspiró para sus personajes en algunas de las figuras de Castro y Campillo. Mucho tiene que ver esta litografía con la concepción del mural *El mercado de Tlatelolco* de Rivera en el Palacio Nacional. *El mercado de Iturbide,* en cambio, construcción audaz de diseño europeo, demuestra la ingerencia de las autoridades en la organización comercial. A reserva de que investigaciones posteriores corroboren mi hipótesis, me atrevo a adelantar que en ésta y otras litografías realizadas al alimón por Castro y Campillo, el primero está a cargo del dibujo arquitectónico, el segundo de las escenas costumbristas. La mancuerna formada por sendos artistas obtiene resultados esplendorosos.

El paisaje urbano engloba todo lo anterior; el semirural, en cambio, insiste en el urbanismo improvisado indígena *(El Paseo de la Viga),* en las reminiscencias prehispánicas de las construcciones campiranas, el transporte fluvial y el respeto de la naturaleza, que Diego Rivera supo asimilar con tanto acierto.

Es curiosa la estampa que cierra el libro, titulada *Antigüedades Mexicanas que existen en el Museo Nacio-*

Álbum: *México y sus alrededores*. Lám. *La fuente de Tlaxpana. Calzada de San Cosme.* Litografía a color (primera versión).

nal de México. 1857 (delineada y litografiada por Casimiro Castro). Recrea el interior de una sala atiborrada de esculturas de la Coatlicue, de serpientes y yugos, de la piedra de los sacrificios de Ixcoatl y otros monolitos: más que obras de arte, *objets rares* exóticos que estimulaban la fantasía del público. Casi todos los objetos agrupados en este bodegón o, mejor dicho, "mesa revuelta", pertenecen al arte azteca, aun cuando la imaginación de Casimiro Castro vuelve a algunos irreconocibles. Esta lámina resume el despertar de la sociedad mexicana a un pasado histórico que perduraba en su vida cotidiana. La apreciación de las culturas prehispánicas era común entre los intereses de los mestizos del medio siglo XIX y se manifestaba con frecuencia en una inclinación sentimental por

mitificar el arte indígena y parangonarlo con el de las civilizaciones más antiguas del mundo. En el caso de Casimiro Castro, esta propensión da pie a una declaración nacionalista a ultranza.

Casimiro Castro es de convicciones conservadoras, sin embargo nadie es tan liberal en su tiempo como para poner de relieve mitos y motivos indígenas. La versión utópica de nuestro mundo desarrollada en *México y sus alrededores* es de profunda trascendencia e indica el camino estético del siglo XIX en este país. En la portada del álbum Casimiro Castro abre la puerta hacia la señorial ciudad de México, uno de nuestros símbolos patrios de proyección universal. Crea la imagen y a la vez el mito de la ciudad madre como emblema nacional,

Álbum: *México y sus alrededores*. Lám. *Atrio del convento de San Francisco*. Litografía a color.

pero sin complacencia, retratando los avatares de su sociedad. Combina la idealización romántica y el realismo para restituir los diversos rostros de una ciudad única, en una representación absolutamente vigente hoy.

La fecha de publicación de *México y sus alrededores* coincide con la del álbum *Los mexicanos pintados por sí mismos*[39] ilustrado por Hesiquio Iriarte y Andrés Campillo, con la Constitución de 1857 y con el *Atlas general de México*[40] de Antonio García Cubas. Dos de ellos nos definen como ciudadanos, otro determina nuestro sistema jurídico, el último nuestro territorio nacional.

El 8 de enero de 1889 muere Casimiro Castro de síncope, a los sesenta y tres años, en su domicilio de la calle de Independencia número 8. Lo entierran en

el Panteón Francés. Su obra gráfica establece uno de los antecedentes más importantes de la pintura del siglo XX.

A mediados del siglo XIX asienta los conceptos estéticos y formales del futuro: costumbrismo indígena, mestizo y criollo; paisaje urbano y rural; incorporación de temas modernos relacionados con el progreso económico, y de preocupaciones de orden moral, religioso y político; realismo y fantasía festiva; tono alegre provocado por la excitación sensorial del pulque; nacionalismo alentado por el ardor en forjar la identidad nacional y admiración ante la naturaleza física y humana de México y la creatividad de los mexicanos. Como otros de sus contemporáneos, Casimiro Castro es cumbre del arte decimonónico y precursor de la escuela mexicana del siglo XX.

Álbum: *México y sus alrededores*. Lám. *El mercado de Iturbide. Antigua plaza de San Juan*. Litografía a color.

Álbum: *México y sus alrededores*. Lám. *Plaza de Santo Domingo*. Litografía a color.

Túnel No. 10 Infiernillo, 1874. Acuarela sobre papel. Cat. 62

SIGNOS DE MODERNIZACIÓN EN LA OBRA DE CASIMIRO CASTRO

Fausto Ramírez

En el siglo XVIII, los procesos de modernización en los distintos dominios de la vida novohispana (el político y el económico, el ideológico y el cultural) recibieron un impulso redoblado, tanto por intermedio de la propia monarquía borbónica y de las nuevas medidas administrativas que se empeñó en implantar, como mediante la difusión de las distintas corrientes del pensamiento moderno europeo entre las clases ilustradas locales.

Ya en el siglo XIX, estos procesos tuvieron un desarrollo todavía más vasto. Su influencia y repercusión en todos los órdenes de la vida mexicana fueron profundas y decisivas. La moderna tendencia secularizadora se tradujo, por ejemplo, en una firme voluntad política de construir un Estado autónomo desligado de otros dominios del poder, y superior a ellos, lo que condujo a una conflictiva y prolongada lucha por separarse de la Iglesia, y por obligar a ésta a reconocer la autoridad del Estado en el ámbito o jurisdicción de lo civil.

En nuestro país, igual que en todo el mundo occidental, el ideal de fomentar el progreso material, sin tregua ni limitaciones, trajo igualmente muchas consecuencias: por una parte, la tendencia creciente a liberar la economía de todas las trabas institucionales (y aquí cabría considerar el afán reformista de "desa-mortizar" la propiedad de la tierra, sometiéndola a las leyes de la oferta y la demanda y fomentando su posesión individual y ya no corporativa). Por otra parte, el magno desarrollo así de la ciencia pura como de sus aplicaciones prácticas: no sólo se tuvo la idea de incrementar y precisar al máximo los conocimientos científicos, sino la de servirse de ellos, mediante el desarrollo tecnológico, para una más eficiente y completa apropiación del mundo. Dentro de sus peculiares restricciones circunstanciales, México se sumergió también en la avasalladora corriente modernizadora que inundaba todos los rumbos de la cultura occidental.

Los avances e innovaciones de la técnica abarcaron todos los campos, entre ellos (y para comenzar a entrar en materia), el de la ilustración gráfica. No es casual que, en el umbral mismo de la revolución industrial y de las grandes transformaciones políticas e ideológicas que acabarían por liquidar el "antiguo régimen", en sus distintas acepciones nacionales, el praguense Alois Senefelder inventara, en Munich y hacia 1798, un nuevo procedimiento de grabado planográfico que habría de revolucionar la experiencia visual y cognoscitiva del hombre y de la mujer modernos: la litografía. Esto es, un dibujo directamente trazado con tinta grasa sobre una piedra caliza debidamente preparada, y luego entintada a su vez y prensada junto con un papel para obtener una impresión, fiel y relativamente rápida, del dibujo original; y esto, con la ventaja adicional de que la piedra podía ser usada para un número casi ilimitado de tirajes.

La litografía, aliada con el perfeccionamiento y la difusión de la xilografía o grabado en madera de pie y con el desarrollo simultáneo del periodismo de circulación masiva, provocaría una verdadera "explosión de los medios de información y comunicación", a partir de los años 1830-1840.[1] Su epicentro se localizó en Europa, particularmente en Francia e Inglaterra, pero pronto sus ondas se transmitieron al resto del mundo. La gráfica del siglo XIX encontró y satisfizo a plenitud una vocación propia, distinta a la del grabado tradicional: la de dar cuenta inmediata del acontecer cotidiano en términos visuales.

La litografía en México adhirió también a este cometido. Así, acertó a proporcionar uno de los testimonios más elocuentes del impulso de los procesos de modernización en el ámbito nacional. En los distintos formatos de nuestra ilustración gráfica quedaron registrados, por ejemplo, los cambios que la Reforma, liberal y secularizadora, le imprimió al rostro de nuestras ciudades y a los ritmos de la vida de sus habitantes; también fue allí donde el expandido discurso del ferrocarril como instrumento del progreso plasmó una de sus más convincentes manifestaciones. Además, la litografía se puso al servicio de la promoción del comercio y de la industria, cuyo florecimiento espectacular fue otro de los motores y metas del ideal de progreso asociado a la modernización.

Al cumplimiento de estas tareas consagraron sus esfuerzos nuestros mejores dibujantes y litógrafos activos durante la segunda mitad del siglo XIX. Entre ellos, sobresale con brillo singular Casimiro Castro (1826-1889). Queda fuera de discusión la importancia de su labor en la construcción de una imagen urbana a imagen y semejanza de la mentalidad ordenadora de las "clases propietarias" o grupos rectores de la so-

ciedad civil en el México de las décadas intermedias del siglo XIX. No se trata de una imagen estática e invariable de la ciudad sino, por lo contrario, de una que fue modificándose al compás de las alteraciones inducidas por las exigencias históricas y por la mudable realidad de los tiempos. En efecto, las estampas de Castro atestiguan el tránsito visual de una ciudad con fuertes persistencias virreinales (escenario de procesiones y desfiles, organizados en torno a arraigadas tradiciones religiosas y estamentales) a la ciudad postreformista y laica. Pero también, años después y ya en pleno porfiriato, las imágenes de Castro nos descubren una ciudad embellecida y próspera, ella misma constituida en espectáculo, con sus habitantes convertidos a un tiempo en figurantes y espectadores: una ciudad de jardines y paseos para el recorrido placentero y la recreación (la hora del *flâneur* había sonado); un foro armonioso y acogedor, flanqueado por los viejos monumentos remozados, en donde lucir las últimas modas. Así mismo, él fue uno de los artistas que más ampliamente trabajaron el tema del ferrocarril.

Éstos, pues, serán los temas que habremos de desarrollar en el presente ensayo.

DE LA CIUDAD PROCESIONAL A LA CIUDAD LAICA

En un pasaje de *Antonino y Anita, o Los nuevos misterios de México* (novela en dos tomos publicada en 1851 por Navarro y Decaen, con ilustraciones dibujadas por el autor y presuntamente litografiadas por Casimiro Castro), Édouard Rivière describe los festejos y el desfile o "paseo cívico" con que se celebraba el "Aniversario de la Independencia", un 16 de septiembre de mediados del siglo pasado:

Apenas se había levantado Antonino, cuando el estampido del cañón anunció a los habitantes de Méjico y de los alre-

Antonino y Anita o Los nuevos misterios de México. Lám. *Aniversario del día 16 de septiembre.* Litografía.

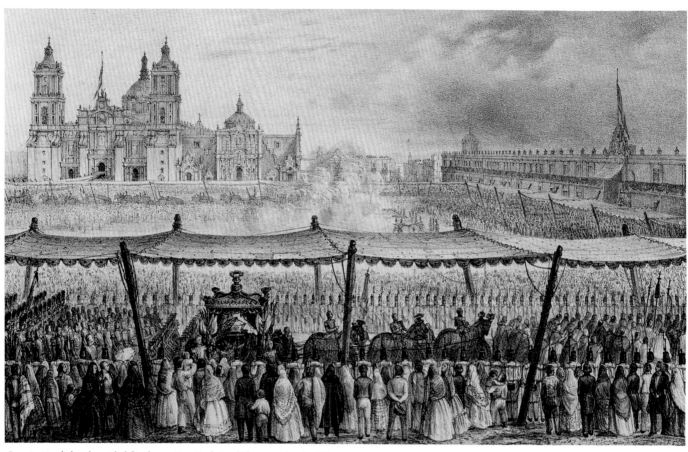

Descripción de la solemnidad fúnebre… Agustín de Iturbide en octubre de 1838.
Lám. *Procesión conduciendo las cenizas del Sr. Iturbide, de San Francisco a Catedral, el 26 de octubre de 1838.* Litografía.

dedores que el sol de su independencia brillaba de nuevo sobre el horizonte. Las campanas con su ronca voz, mil cortinas de variados colores adornando los balcones, y la algarabía de las bandas militares, celebraban a porfía tan fausto acontecimiento, al paso que el pabellón tricolor undulaba sobre los edificios principales… La tropa hacía valla desde Palacio hasta la Alameda, y nuevos cañonazos y vivas a la independencia, anunciaron que el paseo cívico iba a efectuarse… Las calles del tránsito estaban llenas de gentes, y los balcones de hermosas damas ricamente engalanadas… Pasaron sucesivamente algunas hermandades, corporaciones, prelados, magistrados, particulares, el cabildo todo, sin número de generales y oficiales, los ministros y su excelencia el presidente de la república, los alumnos de los colegios militares y científicos, etc. etc. Después las tropas, la artillería y caballería y luego una multitud de carruajes que seguían paso a paso a la comitiva.[2]

Es muy reveladora la mezcolanza de viejos y nuevos usos sociales que la composición de este "paseo cívico" descubre: al lado del presidente de la república y sus ministros, y del "sin número de generales y oficiales" y los batallones de distintas armas, propio ya todo ello de los tiempos republicanos, subsiste incólume la presencia de la antigua sociedad estamental: hermandades, corporaciones, prelados y cabildo… El mundo corporativo de la colonia todavía vivo a mediados del siglo XIX, y apersonado en las calles de la ciudad en las ocasiones solemnes y festivas, antes de que las disposiciones reformistas le asestaran el golpe de muerte.

A decir verdad, la ilustración correspondiente *(Aniversario del día 16 de septiembre)* no permite apreciar la variada jerarquización arcaizante del "paseo"; pero sí es significativa en otro detalle: la valla y el dosel que pautaban su trayecto van a desembocar, no en el Palacio Nacional, como lo dice el texto, sino en las puertas mismas de la Catedral Metropolitana. Así queda visualmente expresado, pues, el hondo arraigo de la tradición religiosa, el predominio tenaz de la Iglesia en la vida social mexicana antes de la promulgación de las Leyes de Reforma y de su aplicación a partir de 1861, con el propósito esencial de secularizar y modernizar el país con arreglo al ideario liberal.

En las primicias de la producción de Casimiro Castro, y en la primera edición de *México y sus alrededores* (1855-1856) es justo ese mundo pre-reformista el que se ve recreado. No me parece casual, por ejemplo, que la que hasta hoy se reputa por la primera litografía en donde el nombre del artista figura al calce, en calidad de dibujante, sea una que ilustra el libro de José Ramón Pacheco titulado *Descripción de la solemnidad fúnebre con que se honraron las cenizas del héroe de Iguala Don Agustín de Iturbide en octubre de 1838*, publicado en 1849 en la Imprenta de I. Cumplido. La estampa en cuestión (cuyo título reza: *Procesión conduciendo las cenizas del Sr. Iturbide, de San Francisco a Catedral, el 26 de octubre de 1838*) ofrece una vista de la Plaza Mayor (o Zócalo) de la ciudad de México, convertida en una suerte de vía sacra, procesional. La delimitan un interminable palio o toldo que por sus costados la recorre y una valla humana formada por la tropa y la población capitalina; a lo largo de aquella vía avanza, resguardada por los cristales de una suntuosa carroza fúnebre, la urna con las cenizas del consumador de la independencia. Abre y cierra el cortejo un nutrido contingente de autoridades civiles y religiosas. La composición de Castro subraya la rígida severidad del acto, con la comitiva fúnebre desplazándose de izquierda a derecha en el primer plano, mientras que la imponente mole frontera de la Catedral, hacia donde aquélla se encamina, cierra la escena por el fondo y a la izquierda. El Palacio Nacional y el edificio del Seminario, que acotan el perímetro de la plaza, contri-

buyen con sus perfiles al deslinde del ámbito ritual. La elevada línea de horizonte le ha permitido al dibujante incluir un vasto número de figuras, tal como habría de hacerlo pocos años después en la apiñada composición de *La calle de Roldán, y su desembarcadero*, de *México y sus alrededores*; pero mientras que, en esta última, la multitud se arremolina sin orden ni concierto, en la escena procesional se adivina la sujeción a una estricta jerarquía estamental.

La acentuada frontalidad compositiva a la que Castro recurrió en esta primera estampa de su autoría, la repitió en algunas de las imágenes de la edición *princeps* de *México y sus alrededores* (1855-1856), de manera notable en la que describe la *Casa del Emperador Iturbide, hoy Hotel de las Diligencias Generales*. Los tres pisos que componen el frontis del suntuoso palacio de los condes de Valparaíso se tienden a casi todo lo alto y lo ancho de la aterciopelada superficie litografiada, dejando sólo una angosta franja espacial delante, por donde transitan lateralmente algunos coches, jinetes y viandantes. Lo relevante aquí es el edificio en sí, su calidad de monumento, al que calle y figuras minúsculas quedan subordinadas por entero. Castro se revela aún dependiente de las concepciones visuales establecidas por los dibujantes litográficos que parece haber tomado por modelo, a saber, los ilustradores de las revistas "misceláneas" de los años cuarentas y, sobre todo, Pedro Gualdi.[3]

En cambio, la estampa enteramente nueva dedicada al mismo asunto en la segunda edición de dicho álbum (1864), presenta diferencias muy significativas. Ahora el dibujante se ha situado sobre la acera derecha de la calle, mirando hacia el poniente: la casa de Iturbide sigue luciendo todo su esplendor churrigueresco, pero se supedita ya al dinámico juego espacial, subrayado por una prolongada fuga perspéctica. La amplitud y el movimiento de la rúa, marcados por el constante ir y venir de una abigarrada multitud de carruajes, jinetes y peatones de variada condición social, constituyen el motivo central de la imagen. La figura del perro, que cruza presuroso la embaldosada calle, adquiere casi valor de cifra.

Tengo para mí que esta y otras estampas de la segunda edición de *México y sus alrededores* ponen de manifiesto la voluntad de Casimiro Castro de construir una nueva imagen urbana, en correspondencia con un sentido modernizado de apropiación de la ciudad por sus habitantes. No en balde ya había tenido lugar la desamortización y nacionalización de los bienes del clero, decretadas por las Leyes de Reforma, y no derogadas (para desilusión y escándalo de los conservadores) por Maximiliano.

Castro debe de haber trabajado las nuevas composiciones entre 1863 y 1864, año escrito al calce del frontispicio de la segunda edición del álbum. Pero no cabe la menor duda de que posteriormente se le fueron haciendo adiciones, por ejemplo las láminas tituladas *Plaza de Morelos. Antigua plazuela de Guardiola* e *Indios Kikapoos, presentados a S.M. Maximiliano 1º, 1865*. Se trata, pues, de una reedición planeada en pleno Segundo Imperio, con visión empresarial, para ser distribuida tanto en México como en el extranjero.[4]

El editor, José Decaen (muerto en noviembre de 1866), debió de tener muy claro el interés acrecido que las imágenes de la ciudad de México suscitaban en Europa, por ser la sede del recién creado imperio mexicano; y también en los ciudadanos locales pudientes, dadas las nuevas condiciones en que el país vivía. Y esto por un doble motivo: la traza misma de la ciudad había sufrido una alteración radical y, además, se tornaba cada vez más habitual e imperativa la amplia circulación de imágenes de la vida cotidiana. Los propios emperadores experimentaban una singular fascinación por coleccionar y encomendar fotografías y estampas, y durante estos años ambas actividades conocieron una expansión notable.[5]

Una memoria que, a la sazón, conservaban bien fresca todos los habitantes de la ciudad, por haber deja-do una huella honda no sólo material sino también simbólica, fue la de la ocupación y demolición de los conventos de religiosos y religiosas que por siglos habían venido cubriendo extensos solares en el corazón mismo del núcleo urbano. Vale citar aquí, como testimonio elocuente, unas frases de la entrada correspondiente al 13 de febrero de 1861, en las efemérides que año con año publicaba el célebre Calendario de Galván:

> Por la supresión de los conventos de ambos sexos y de las cofradías, quedaron cuarenta y ocho templos de noventa y dos que había en la ciudad, comprendidos los que recibían el jubileo circular o tenían depósito… Desde la supresión no se oye por todas partes de la ciudad, sino el ruido de la barreta, y no se ven más que escombros; …templos y torres han sido derribados, calles nuevas se han abierto a través de los conventos. Otros están convertidos en casa de vecindad, cuyos inquilinos reportan la animadversión pública.[6]

No hay que buscar en Casimiro Castro las imágenes que describen la experiencia, traumática para la mayoría de los habitantes, de ver buena parte de su ciudad medio en ruinas, sino en las litografías de H. Iriarte que ilustran el oportuno estudio de Manuel Ramírez Aparicio, *Los conventos suprimidos de México. Estudios biográficos, históricos y arqueológicos,* publicado por Aguilar e Iriarte, Editores, justo en 1861. O bien, en un par de composiciones del mismo año de José María Velasco, *Templo de San Bernardo y Patio del exconvento de San Agustín.*

La imagen urbana que Castro crea en las estampas concebidas durante el Segundo Imperio corresponde a una interpretación posterior; digamos que a la faceta constructiva, de aquella experiencia demoledora: ya no pretende evocar una ciudad anclada en lo colonial y organizada en torno a arraigadas tradiciones religiosas y estamentales, sino celebrar a la ciudad posterior a la Reforma, secularizada e individualista,

Álbum: *México y sus alrededores*. Lám. *Indios Kikapoos, presentados a S.M. Maximiliano 1º 1865*. Litografía a color.

escenario de una convivencia ordenada, regulada, conforme al modelo ideal de una "ciudadanía" propositivamente modernizadora. En consecuencia, una ciudad de espacios abiertos, libre de trabas, en cuyas amplias calles los habitantes laicos se movían con desenvoltura, igual que los más pudientes y despreocupados de entre ellos habían ya tomado posesión de los terrenos librados al mejor postor por las expropiaciones.

Es notable la deliberada supresión de referentes religiosos en las nuevas composiciones del *México y sus alrededores*. Resulta significativa, por ejemplo, la omisión de los cupulines que coronaban la azotea de las casas que forman el primer término de la vista titulada *Plaza de Armas de México*; estos cupulines, que sí figuraban en la versión original, deben de haber

correspondido, bien al convento de las Capuchinas, que ocupaba una porción considerable de aquella manzana y que fue uno de los que más hubo de sufrir los efectos de las expoliaciones, bien a alguna capilla doméstica.[7]

Pero acaso la modificación más expresiva en tal sentido sea la que afecta a la lámina titulada *Plaza de Morelos. Antigua plazuela de Guardiola*, en virtud del monumento allí levantado en honor del héroe insurgente, que Maximiliano inaugurara en medio de un tupido aguacero, el 30 de septiembre de 1865, y cuya escultura fue labrada por Antonio Piatti. Se percibe un giro radical en el punto de vista adoptado por Casimiro Castro para trazar esta perspectiva urbana: antes, casi la mitad del espacio lo ocupaba la inexpugnable y vetusta cerca del convento de San

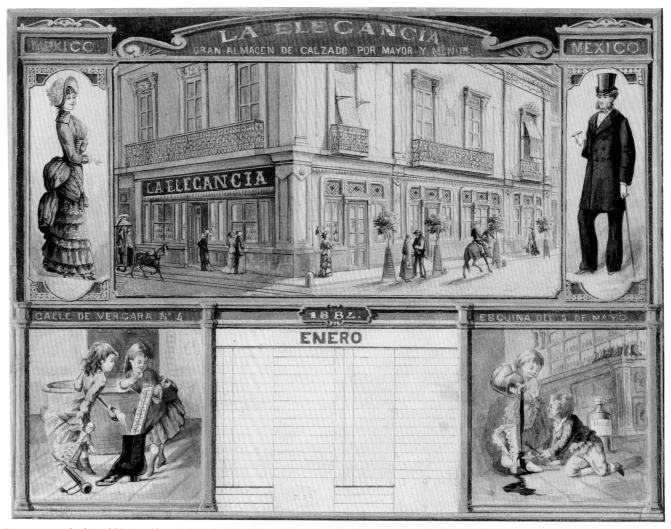

Proyecto para calendario del "Gran Almacén de Calzado La Elegancia" para 1884. Lápiz, tinta y acuarela sobre papel. Cat. 203

Francisco; ahora, éste se ve reducido al mínimo y, sobre el angosto trecho correspondiente a su recinto (revestido por una fachada clasicista), se despliega un par de carteles anunciando espectáculos (uno de ellos avisa de una función de teatro y el otro, de tamaño mayor, de las del *Gran Circo Chiarini*, instalado justo en aquel sitio otrora consagrado al culto). La elegante vivacidad y el desenfado mundano de los paseantes que por allí circulan, acaso con rumbo a la Alameda o al Paseo de Bucareli, se antoja el correlato de la mirada definitivamente laica del artista, y de la sociedad a la que se dirige.

Tengo para mí que las tendencias modernizadoras que esta mirada implica, y que han quedado interpretadas en términos de concepción y distribución espaciales, mediante la adopción de un punto de vista innovador dictado por una voluntad expresiva acorde con las exigencias de los tiempos, tienen una significación estética más relevante que la mera incorporación de algunos elementos de la iconografía urbana hasta entonces inéditos, y pese a todo nada desdeñable. Me refiero, por ejemplo, a la presencia de farolas y arbotantes, indicadores de la relativamente reciente, aunque fallida, iluminación a gas,[8] y que no dejan de tener una ocasional función compositiva: valgan de ejemplo las estampas ya comentadas de la *Casa del Emperador Iturbide* y de la *Plaza de Morelos. Antigua plazuela de Guardiola*, donde la serie de farolas empotradas en las paredes, al sumarse al sesgado movimiento de las ortogonales, contribuye al efecto de recesión espacial.

Valle de México, 1879. Lápiz sobre papel. Cat. 13

En la nueva lámina que representa *Las Cadenas en una noche de luna*, el menguado resplandor de los viejos faroles a base de trementina y nafta se muestra aún incapaz de competir con el romántico claror lunar, que seguía alumbrando las placenteras divagaciones de los paseantes, no exentas de algún percance ocasional (un detalle revelador: en el extremo derecho de la composición, un trío de gendarmes ha apresado a un presunto transgresor del orden anhelado por las "clases propietarias").[9] Pero por el lado izquierdo de esta misma estampa, hace su tímida entrada en escena otro de los signos de la modernización incontenible, que acabaría por transformar las dimensiones y el ritmo vital de la ciudad y de sus pobladores, al acortar las distancias y replantear las relaciones entre

núcleo urbano y periferia. Me refiero al ferrocarril urbano, introducido en 1857 con la inauguración del tramo a la Villa de Guadalupe, y en 1858 con el ferrocarril a Tacubaya.[10] La mayoría de los trenes urbanos, que habrían de tejer una red de comunicación cada vez más compacta, eran de tracción animal, y son éstos los que figuran en las composiciones de Castro.

Mas, no por azar, tanto en *Las Cadenas en una noche de luna* como en obras más tardías, como la viñeta principal del *Proyecto para el mes de enero del calendario de 1884 para el Gran Almacén de Calzado La Elegancia*, los tranvías apenas asoman por algún rincón discreto de la composición. Sólo en algunas panorámicas tomadas *a vuelo de pájaro*, como la del *Paseo de Bucareli*, se advierte la doble impronta de las

Panorama del Valle de México tomado desde Lomas de Santa Fe. Litografía a color.

Álbum del Ferrocarril Mexicano. Lám. *Cumbres de Maltrata (desde la Hacienda del Encinal).* Cromolitografía.

vías tendidas a lo largo de las avenidas y los pequeños tranvías de mulitas rodando sobre ellas, como signo indeleble de los tiempos nuevos. Pero sería insostenible afirmar que la manera como Castro percibió el paisaje urbano en los años sesenta se haya visto imbuida por efecto del viaje en tranvía; en cambio, su visión del paisaje abierto sí se modificó a consecuencia de la experiencia del ferrocarril.[11]

LA IDEOLOGíA DEL PROGRESO Y EL FERROCARRIL

Por décadas, gobernantes y empresarios soñaron en México con la construcción de una vía férrea que pusiera en fácil y rápida comunicación a la capital con el puerto de Veracruz, y acortara así las distancias entre nuestro país y las "naciones cultas". La moderna ideología del progreso (con todas sus implicaciones de aceleración productiva apoyada en una gran expansión del capital, y la consolidación de las relaciones de dependencia que las grandes potencias occidentales estaban imponiendo sobre el resto del mundo) se enlazaba íntimamente con la ilusión del tendido de las vías férreas, que habrían de permitir una circulación eficiente, rápida y barata de las mercancías. Se vio en el ferrocarril el mejor medio para fomentar al máximo el aprovechamiento y la explotación de las riquezas en las regiones por donde atravesaba, despertándolas así de un letargo secular, y para fortalecer el desarrollo económico de la nación y, consecuentemente, su estabilidad política, la paz y la prosperidad general. Pero, para alcanzar esta meta, la ciencia y la técnica más avanzadas, de consuno con el arrojo empresarial de propios y extraños, debían vencer los múltiples obstáculos que una naturaleza feraz, pero caprichosamente agreste, parecía haberse gozado en acumular. Por ello, la conclusión de las obras ferroviarias en diciembre de 1872, tras muchos años de dilatados trabajos, y su inauguración por el presidente Sebastián Lerdo de Tejada en enero de 1873, dieron motivo a jubilosas celebraciones nacionales.

Dos publicaciones acompañaron y proclamaron el advenimiento de la nueva etapa histórica que parecía quedar instaurada con el camino de hierro entre México y Veracruz, a saber: la *Historia del Ferrocarril Mexicano. Riqueza de México en la zona del Golfo a la Mesa Central, bajo su aspecto geológico, agrícola, manufacturero y comercial*. Estudios científicos, históricos y estadísticos por Gustavo Baz y Eduardo L. Gallo, aparecida en 1874, con un gran aparato ilustrativo ejecutado por un equipo de dibujantes y litógrafos (Santiago Hernández, Antonio Orellana, J. Villasana, Hesiquio Iriarte, F. Poceros, y Adolfo R. Sánchez); y el *Álbum del Ferrocarril Mexicano. Colección de vistas pintadas del natural por Casimiro Castro, y ejecutadas en cromolitografía por A. Sigogne, Casimiro Castro, etc.*, publicado en 1877 por Debray, con un texto descriptivo escrito por el geógrafo Antonio García Cubas.

Los propósitos ilustrativos de ambas publicaciones fueron, en sustancia, los mismos: representar los trabajos y obras más espectaculares realizados para tender las vías y para el servicio del transporte de carga y pasaje; y dar a conocer las bellezas naturales y urbanas de los sitios por donde el ferrocarril corría. De allí que, en una y otra, aparezcan los mismos motivos: puentes y viaductos, túneles, estaciones de paso y terminales, almacenes de depósito y talleres; y que se haya puesto especial empeño en señalar, en la imagen, las dificultades que los técnicos tuvieron que vencer: la fragosidad del terreno, la hondura pavorosa de las barrancas, la empinada pendiente de las cuestas... Las vistas que muestran la cambiante variedad de la vegetación, y su prodigalidad silvestre en algunas comarcas, van alternándose con aquéllas que describen las regularizadas parcelas de los campos labrantíos, potreros y caballerizas de las haciendas y los valles bordados con las retículas urbanas. Resulta evidente el propósito de ambas publicaciones: subrayar la riqueza potencial de la zona surcada por el camino de fierro y mostrar el grado de civilización alcanzado por el país, como reclamos para posibles inversionistas. Así, editores y artistas involucrados se sumaban, conscientemente o no, al discurso ideológico oficial de encomio del ferrocarril como signo de modernización y de progreso.

Pero así como son palmarias las coincidencias iconográficas e ideológicas de ambos juegos de estampas, no lo son menos sus diferencias. Por ejemplo, es obvio que muchas láminas de la *Historia del Ferrocarril Mexicano* fueron dibujadas con base en fotografías tomadas al efecto. Se refleja, en muchas de ellas, esa doble impresión de azar calculado y de congelación del tiempo, propia del encuadre fotográfico, así como el empleo de una escala de valores lumínicos, con predominio de los medios tonos, indudablemente inspirada en la fotografía. Hay vistas tomadas desde una relativa elevación, pero los ángulos de visión no parecen exceder lo permitido por la amplitud del lente.[12]

En cambio, las ilustraciones del *Álbum del Ferrocarril Mexicano* son translados de "vistas pintadas del natural" a la piedra litográfica, como en el mismo subtítulo se explica. El origen pictórico se percibe, desde luego, en la riqueza cromática: el *Álbum del Ferrocarril Mexicano* es acaso el ejemplo más publicitado, en la historia de nuestra gráfica, del uso de la cromolitografía, un procedimiento técnico muy laborioso que requiere del dibujo de sendas piedras para cada color, y su empalme perfecto a la hora de la impresión.

Pero también se advierte una concepción más abarcante y monumental de las escenas, con detalles cuidadosamente seleccionados y dispuestos, bien para proporcionar una idea más completa de las peculiaridades de una localidad (por ejemplo, los distintos especímenes de plantas deliberadamente escogidos para engalanar el primer término de *Puente del Paso del Macho*; o, en la vista de las *Cumbres de Maltrata desde la Hacienda del Encinal*, la inclusión de la torre o mirador de esta finca, donde tantos versos inspirados escribiera el poeta José Joaquín Pesado), bien para componer un episodio interesante o "pintoresco" (por ejemplo, el grupo de indios amatecas esperando el paso del tren para cruzar las vías en *La Peñuela, camino para Veracruz y Alvarado*), o bien para sugerir la noción de rapidez y eficiencia asociada al ferrocarril (en algunas láminas, se entrecruzan o corren paralelos los dos caminos, el de hierro y el carretero o "real" —antiguo, pero remozado hacía apenas unas décadas y ya obsoleto al lado del nuevo, como lo demuestra la lentitud opresiva de porteadores y jinete en *Puente de San Alejo*; o, mediante un contraste más sutil, la macicez del viejo puente de mampostería, que se ve achaparrado junto a la esbelta estructura metálica del *Puente del Atoyac*).

Tanto es el prurito de Castro por acumular información en sus imágenes, que algunas de ellas nos remiten todavía a las composiciones aditivas y multiperspécticas, propias de la tradición cartográfica: estampas como *Estación de Maltrata* y *Panorámica de Maltrata*, tomadas a *ojo de pájaro*, fueron concebidas como una sucesión de vistas escalonadas, cada una con sus propios puntos de fuga, y ensambladas para formar una totalidad, tal cual solía hacerse en los viejos mapas con paisajes y figuras.[13] El espectador parece flotar sobre el panorama, sin que acierte a definir el punto concreto, aunque imaginario, desde donde tiende su mirada: se produce una sensación de asombro ante la magnitud de la naturaleza, en la que la moderna ingeniería ferroviaria imprimiera sus huellas. En cambio, las litografías de la *Historia del Ferrocarril Mexicano* suponen siempre a un espectador perfectamente localizado que ve el paisaje, como quería Alberti, a través de una "ventana" (el cristal imaginario que constituye el plano pictórico, sustituido ahora por el objetivo de la cámara fotográfica); a diferencia de los extensos panoramas pintados

Álbum del Ferrocarril Mexicano. Lám. *Puente de San Alejo.* Cromolitografía.

Álbum del Ferrocarril Mexicano. Lám. *Valle de México tomado desde el cerro del Risco.* Cromolitografía.

Álbum del Ferrocarril Mexicano. Lám. *Puente de Atoyac.* Cromolitografía.

por Castro, acá se preserva siempre (más aún: se subraya) una escala humana, consuetudinaria.

Tengo para mí que la amplitud angular y perspéctica de los panoramas de Castro es la que mejor traduce, a términos visuales, el afán de apropiación y dominio de territorios y recursos naturales que subyace al discurso ideológico del progreso asociado con el ferrocarril. En cambio, el discurso científico y tecnológico se antoja más diáfano en las imágenes de los litógrafos que ilustraron el libro de Baz y Gallo.

Por otra parte, la *Historia del Ferrocarril Mexicano* bajo ningún concepto alcanza la magnificencia de la colección de vistas publicada por Debray. Todo colabora a hacer de la lectura y manejo del *Álbum del Ferrocarril Mexicano* una experiencia excepcional: su gran tamaño

ya parece requerir de una especial disposición de lugar y de ánimo: es una suerte de invitación al viaje. Y el texto introductorio de García Cubas, con su carácter de síntesis anticipatoria de las cambiantes impresiones que el viajero va experimentando en el veloz trayecto del camino de fierro, desde el puerto hasta la capital, subraya el propósito de la serie de ilustraciones. Éstas obedecen, como es lógico, a una bien dispuesta secuencia espacio temporal, que le permiten al lector vivir en forma vicaria la experiencia del recorrido. Además de secuencial, el efecto es acumulativo: rieles, puentes y viaductos son elementos de tránsito que posibilitan el flujo continuo, así del convoy como de la mirada imaginaria del turista sedentario. Y alcanza una bien pensada culminación en la majestuosa vista panorámica con

Álbum del Ferrocarril Mexicano. Lám. *Panorama de Maltrata.* Cromolitografía.

que la colección se cierra: *El Valle de México tomado desde el cerro del Risco,* que opera como una suerte de descenso y desembarco apoteótico en la capital. El álbum está concebido, pues, como una recreación de la totalidad de la experiencia viajera: un recorrido espacial, a la par que una progresión en el tiempo.

En este recorrido vicario, el artista actúa como intermediario y guía. No por azar su figura aparece varias veces repetida a lo largo de la serie, con mayor o menor relevancia. Se le ve, por ejemplo, en *Puente de la Soledad,* en *Puente del Paso del Macho,* en *Túnel No. 2 y Salto del Atoyac,* en *Estación de Maltrata,* ya sentado dibujando, ya caminando cargado con la sombrilla y los útiles de trabajo, y acompañado o no por un guía local; pero tal vez su presencia más memo-

rable sea la de *Infiernillo,* donde se le ve a la izquierda de la composición, de pie, con el carnet de apuntes en la mano, detrás de una mesilla provista, a lo que parece, con una cámara lúcida. Es interesante observar que, en la acuarela tomada "del natural" que le sirvió a Castro para trazar la composición definitiva de esta estampa, este episodio no figura; al incorporar su autorretrato, mirando el paso descendente del tren sobre el osado viaducto, el pintor nos fuerza a centrar la mirada en el elemento principal de la composición y, en cierta manera, nos sustituye al interior de la misma.

Al igual que García Cubas, en la síntesis introductoria del álbum, va describiendo los sucesivos paisajes entrevistos en el trayecto tal como un viajero ilustra-

Álbum del Ferrocarril Mexicano. Lám. *Túnel No. 2 y Salto del Atoyac.* Cromolitografía.

do los percibiría desde la ventanilla del tren, las escenas representadas por Castro obedecen a una visión del campo eminentemente urbana: la naturaleza que se extiende más allá del "doble listón de hierro" es una naturaleza domada por la acción humana. Las proezas de la tecnología y el avance civilizatorio quedan reflejados no sólo en el trazo mismo del camino férreo, sino en la parcelación y cultivo de los campos circundantes, en el florecimiento de ciudades, poblados y regiones puestos ahora en comunicación con los grandes centros del poder económico, y en la prosperidad que todo ello terminará por acarrear a los habitantes. No por azar, el grupo de indios amatecas que esperan el paso del tren a la vera de las vías en *La Peñuela* están vestidos con sus mejores galas y no muestran terror o asombro alguno ante la llegada inminente de este símbolo civilizatorio: semejante actitud asimilativa contrasta significativamente con el papel que los indios asumen en las imágenes relativas a la expansión del ferrocarril en los Estados Unidos.[14]

Tal vez tampoco sea casual que, en ninguna de las imágenes, el ferrocarril cobre una dimensión atemorizadora ni se subraye en forma especial su masividad y potencia, y menos aún su peligrosidad. Todo lo contrario, en la mayoría de los casos el convoy que surca llanos y montañas semeja un laborioso gusanillo humeante, de apariencia juguetona e inofensiva.[15]

Esto demuestra el carácter celebratorio del álbum, propósito que comparte con muchos otros producidos fuera de México, tanto en Francia como en Estados

Viaducto del ferrocarril mexicano en construcción. Lápiz sobre papel. Cat. 130

Puente y detalles del Túnel No. 10. Lápiz sobre papel. Cat. 69

105

Unidos, y que solían publicarse en ocasión de las inauguraciones de nuevos caminos de fierro, muchas veces por encargo de las propias empresas constructoras.

Tal función no ha podido quedar todavía cabalmente demostrada para el caso del álbum de Debray y Castro, aunque posibles hallazgos documentales acaso permitirán hacerlo.[16] Por el momento, nos inclinamos a pensar que la publicación fue una aventura editorial emprendida por el propio impresor, seguro del éxito potencial de una obra de tal naturaleza, y dado el clima optimista que reinaba merced al reiterado discurso ideológico del progreso asociado al ferrocarril, difundido por los círculos oficiales y empresariales, en especial al inicio del largo régimen porfirista.[17]

Es muy posible que en 1873, Debray haya encomendado a Castro el inicio del trabajo ilustrativo: algunos de los croquis ostentan esta fecha (por ejemplo, *Estación de la Soledad, Marzo 17 de 1873)*, temprana en relación con el año que aparece en el frontispicio del álbum, 1877. Esto quiere decir que, para completar la tarea, el artista se tomó su tiempo y quién sabe cuántos viajes de prospección a lo largo de la ruta. Es fascinante observar la gran cantidad de apuntes y de ideas que Castro fue trazando con su lápiz, y desechando, antes de llegar a la selección final. Hay composiciones muy elaboradas, como la de la preciosa acuarela titulada *El Sumidero*, comparable en su desarrollo con otras como *La Peñuela, Infiernillo* y *El Valle de México desde el cerro del Risco*, que, a diferencia de éstas, a la postre quedaron excluidas del repertorio impreso. También existen multitud de fascinantes estudios de detalle, como aquéllos que muestran a obreros ejecutando diversos trabajos en las vías, a convoyes de ferrocarril y equipo de las estaciones, etc. A veces le sirvieron a Castro para enriquecer sus cuadros con episodios pertinentes (como, por ejemplo, el grupo de obreros situados sobre los rieles que figuran en el primer término de *La Bota*); pero la mayoría no fueron utilizados directamente, y obede-

cen tan sólo al hábito visual y manual del artista que, en su recorrido por las localidades que habría de pintar, se complacía en registrar todo aquello que despertaba su interés o curiosidad.

Resulta demostrable que las ilustraciones precedieron a la redaccción del texto, encomendada a García Cubas por el editor y empresario, una vez que aquéllas estuvieron listas. El texto remite de continuo a las imágenes, describiendo su contenido y aclarando algunos de sus pormenores, además de complementarlas con múltiples datos. Por lo consecuente, la relación entre texto e ilustración es más compleja que en el álbum de *México y sus alrededores,* donde ambos elementos se agrupan en dos secciones enteramente disociadas. Aquí hay un entreveramiento bien calculado, cuyo cometido es proporcionar al lector una nutrida información sobre la historia y las peculiaridades de las ciudades y sobre los riquísimos recursos naturales de las regiones recorridas y enlazadas por el ferrocarril.

Entre los dibujos de Castro, conservados en el álbum de croquis que constituye el núcleo de la presente exposición, se encuentran no pocos relativos a la descripción de plantas. Aunque no sea posible relacionarlos directamente con las cromolitografías del álbum publicado por Debray, es indudable que el artista debe de haber hecho cuidadosas observaciones y anotaciones de carácter botánico en sus recorridos a lo largo del camino del Ferrocarril Mexicano ya que tanto él en las estampas, como García Cubas en el texto, conceden una atención muy especial a detallar los cultivos específicos de una determinada localidad.

Quiero aclarar, por último, la identidad de un par de dibujos recogidos en el álbum de "croquis" del artista, ya antes publicados y expuestos bajo un título erróneo, y que ofrecen una importancia y un interés singulares. Me refiero a dos vistas del interior de una estación de ferrocarril, que presuntamente representan a una *Multitud reunida para la inauguración del Ferrocarril.*[18] Suponemos que se trataría del Mexicano,

Estación de la Soledad, marzo 17, 1873. Tinta y acuarela sobre papel. Cat. 65

La Peñuela, 1874. Tinta y acuarela sobre papel. Cat. 63

Álbum del Ferrocarril Mexicano. Lám. *La Peñuela (caminos para Veracruz y Alvarado)*. Cromolitografía.

Sumidero, 1874. Tinta y acuarela sobre papel. Cat. 64

Álbum del Ferrocarril Mexicano. Lám. *Infiernillo*. Cromolitografía.

La Bota, 1874. Acuarela sobre papel. Cat. 61

III

Nopal. Lápiz sobre papel. Cat. 135

Matas de tabaco. Lápiz sobre papel. Cat. 130

mas basta mirar con cuidado la escena para percatarse de al menos dos elementos que contradicen tal identificación: la presencia protagónica de un alto dignatario eclesiástico (imposible, en el contexto del jacobinismo feroz que caracterizó al gobierno de Lerdo de Tejada, encargado de inaugurar aquella línea el primer día de enero de 1873) y un letrero identificador en el friso lateral del suntuoso furgón de cola del convoy, donde se lee con claridad relativa Ferrocarril Central. Se trata, en efecto, de un acto público totalmente ajeno a aquella inauguración, y mucho más tardío.

Se representa allí la *Partida de la Peregrinación* que un numeroso grupo de católicos, bajo la presidencia de fray Buenaventura Portillo, obispo de Chilapa, emprendió en abril de 1888 para asistir a los festejos celebrados en Roma con motivo del jubileo sacerdotal, o cincuentenario de la ordenación del papa León XIII. Los más de doscientos peregrinos, representantes de "todas las clases de la sociedad", pretendían "ofrecer al Sumo Pontífice, a nombre de los católicos mexicanos, sus respetos y presentarle sus obsequios". Partieron el 7 de abril de la estación de Buenavista, con destino a los Estados Unidos, en el Ferrocarril Central; ya en Nueva York se embarcaron en el vapor *Bolivia* rumbo a Nápoles y el 11 de mayo llegaron "con felicidad" a Roma. Fueron recibidos el día 14 por León XIII, quien en el discurso que pronunció ante ellos "expresó sus deseos de ver reanudadas las relaciones entre el Gobierno de México y el Vaticano". Por fin, el 5 de julio los peregrinos regresaron a la capital.[19] Uno de ellos, que prefirió el anonimato (aunque se sabe que fue Diego Germán y Vázquez, según informa Felipe Teixidor),[20] redactó una larga y sabrosa crónica del viaje, publicada en dos volúmenes al año siguiente: *La gran romería nacional. Historia de la primera peregrinación mexicana a Roma.* Obra escrita por un peregrino, México, Tipografía de Aguilar e hijos, 1ª de Sto. Domingo 5 y esquina de la Encarnación y Sta. Catalina, 1889. Ambos volúmenes se hallan profusamente ilustrados, con litografías impresas en el taller de C. Montauriol, México. Pues bien, los referidos dibujos de Castro constituyen el modelo por el que se trazó la piedra de la estampa relativa a la *Partida de la Peregrinación* (tomo 1, entre páginas 30 y 31). No sólo eso: otros dibujos del propio álbum de "croquis", que hasta ahora han sido tenidos como evidencia de un presunto viaje de Castro a Europa en sus años tardíos, también están relacionados con sendas litografías del libro en cuestión. Me refiero, en concreto, a *Bahía de Nápoles, Capilla Sixtina, Basílica de Santa María La Mayor, Basílica de San Juan de Letrán* y *Plaza y Basílica de San Pedro*.

El nombre de Castro no está consignado en la lista de peregrinos que hicieron el viaje a Roma.[21] Lo más probable es que las vistas de la bahía de Nápoles y de los monumentos romanos las haya tomado el dibujante de alguna guía de viajes, dado su carácter enteramente convencional. Aquí lo importante es, por una parte, constatar la asociación de Castro con las tareas litográficas de C. Montauriol, algo hasta hoy no señalado en los estudios sobre nuestro artista y a lo cual volveremos en el siguiente inciso. Por otra parte, hay que hacer hincapié en lo excepcional de la escena multitudinaria en el interior de la estación de Buenavista, bien captada y resuelta por Castro: en vano se buscará, en el panorama del arte mexicano del siglo XIX, otra representación similar de un asunto tan característicamente moderno que, por lo demás, fascinó a los artistas europeos (estamos pensando, por supuesto, en William Powell Frith o en Claude Monet).[22]

LA CIUDAD EN LOS TIEMPOS DEL *FLÂNEUR*

Entre las acuarelas existentes en el álbum de *"Croquis de mi maestro el Sr. D. Casimiro Castro"* se halla una que encuentro particularmente reveladora. Le corresponde el número 10, y está relacionada a su vez con un breve apunte a lápiz, marcado con el número 119. La acuarela representa una vista del interior del bosque de Chapultepec: al centro de la composición, y entre los árboles, se tiende la lustrosa superficie del lago; a la izquierda, muy al fondo de una ancha calzada, se entrevé un par de arcos del viejo acueducto; a la derecha, un alegre grupo de comensales acoge con júbilo el gesto de uno de ellos que, de pie, ostenta un par de botellas de vino en las manos (este grupo es el asunto del breve apunte a lápiz). Se trata de un auténtico "almuerzo sobre la hierba", transido del desenfado y la cordialidad propios de una salida al campo para un convivio dominical, aquí bajo el risueño abrigo de los añosos ahuehuetes; entrecomillo adrede la frase porque percibo, en el ánimo festivo de esta pequeña composición, una irrecusable afinidad con aquél que inspirara tantos "almuerzos campestres" pintados a la sazón por realistas e impresionistas a todo lo largo de Europa, de James Tissot y Pál von Szynyei Merse a Édouard Manet, Claude Monet y Auguste Renoir.

Resulta esclarecedor comparar esta vista de Chapultepec con la que aparece en las primeras ediciones de *México y sus alrededores*: allí las figuras de los paseantes se ven empequeñecidas por la majestuosa severidad de los inmensos ahuehuetes que les hacen dosel. Los árboles son los pilares de una suerte de templo de la naturaleza, y el bosque, el equivalente silvestre de los monumentos arquitectónicos recreados en las otras ilustraciones del álbum. Nada de ese espíritu cuasi religioso subsiste en la acuarela aquí comentada: la jovial y despreocupada convivencia de hombres y mujeres halla benévola acogida en el seno de una naturaleza cómplice. De allí la inescapable impresión de modernidad que la composición nos provoca. No por azar, Casimiro Castro era litógrafo antes que pintor: es bien sabido que el grabado se anticipó con mucho

Partida de la peregrinación a Roma el 7 de abril de 1888. Lápiz y tinta sobre papel. Cat. 78

Partida de la peregrinación a Roma el 7 de abril de 1888. Lápiz y tinta sobre papel. Cat. 79

Basílica de Santa María La Mayor en Roma. Lápiz y acuarela sobre papel. Cat. 151

Teatro con vista de lunetario. Lápiz sobre papel. Cat. 150

Fachada de la Basílica de San Juan de Letrán en Roma. Lápiz y acuarela sobre papel. Cat. 153

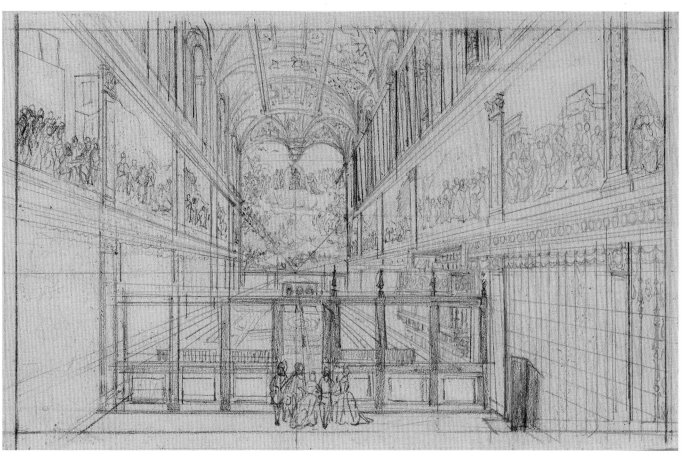

Interior de la Capilla Sixtina en Roma. Lápiz sobre papel. Cat. 152

Plaza y Basílica de San Pedro en Roma. Lápiz sobre papel. Cat. 154

Bahía de Nápoles. Lápiz sobre papel. Cat. 149

Estudio para el croquis No. 10 del Bosque de Chapultepec. Lápiz sobre papel. Cat. 119

Bosque y Lago de Chapultepec. Acuarela sobre papel. Cat. 10

a la pintura en tomar por asunto los mil y un incidentes de la vida cotidiana, en especial los que transcurrían en el entorno citadino. Y esto nos lleva a una consideración breve de la que al parecer fuera la última colección de estampas en que nuestro artista participó: el *Álbum mexicano*, editado en 1885 por C. Montauriol, con cromolitografías impresas en la Litografía de Debray Sucesores.

En su estudio de 1934 sobre la litografía mexicana del siglo XIX, Manuel Toussaint nos informa lo siguiente:

> Decaen trabajó solo hasta 1864; en el año siguiente aparece asociado con Víctor Debray y dura así hasta 1868. En 1869, Debray figura como único dueño de la casa y más tarde se asocia a su vez, pues en 1877 firma sus litografías

"Víctor Debray y Cía"… Años después aparece la casa como de Debray Sucesores, con C. Montauriol como jefe. Así se publica el *Álbum Mexicano*, con litografías de diversas ciudades de la República hechas por Casimiro Castro, A. Gallice, M. Mohar, E. Pérez y J. Alvarez. Esta obra, pequeña, apaisada, parece un reflejo lejano del *México y sus alrededores*: no queda sino un destello de arte en los motivos representados. El trabajo es ya completamente comercial.[23]

El nombre de Castro figura al calce de algunas de las estampas del *Álbum mexicano*, por ejemplo, *Vista de Querétaro tomada desde el Templo de La Cruz* y *Acueducto de Querétaro*. Si sólo nos atuviésemos al escaso número de las cromolitografías signadas con su firma, tendríamos que reconocer que su involucramiento directo con la realización de la serie fue mínimo.

Álbum Mexicano. Lám. *Vista de Querétaro tomada desde el Templo La Cruz*. Cromolitografía.

Álbum Mexicano. Lám. *Acueducto de Querétaro.* Cromolitografía.

Con todo, su influencia en lo que atañe a características compositivas, iconográficas y aun dibujísticas de muchas otras estampas, parece haber sido de primer orden.

Hay una similitud inescapable entre algunas composiciones acuareladas atribuidas a Casimiro Castro (por estar recogidas en el álbum de croquis) y las cromolitografías del *Álbum mexicano*. Me refiero, en concreto, a *Palacio Nacional de México, Palacio Municipal* y *Plaza de Guadalupe,* firmadas por A. Gallice, pero cuyos modelos absolutos son las acuarelas correspondientes de la colección referida, como lo demuestra la comparación más superficial. (Por supuesto, esto plantea un problema de autoría respecto de las obras incorporadas al álbum de croquis, ya que es evidente que no todos éstos son de la mano de Casimiro

Castro. Aunque reconozco la magnitud del problema, yo aquí he preferido eludir su discusión y asumo que, pese a inescapables diferencias de tratamiento, el conjunto de los croquis forman parte de una misma familia estilística. Incluso me asalta la duda de si sería este Gallice el presunto discípulo que, en circunstancias y por motivos que desconocemos, se encargó de formar la multireferida colección de "Croquis de mi maestro", a la muerte de éste en enero de 1889.)

Aparte de las derivaciones directas ya especificadas, las referencias a las composiciones de *México y sus alrededores* que se advierten en el *Álbum mexicano* son también evidentes; por ejemplo, la del *Hotel Iturbide,* muy semejante a la de la edición de 1864, aunque la vista haya sido tomada en sentido inverso, de poniente a oriente; o bien, las de *Escuela de Minas*

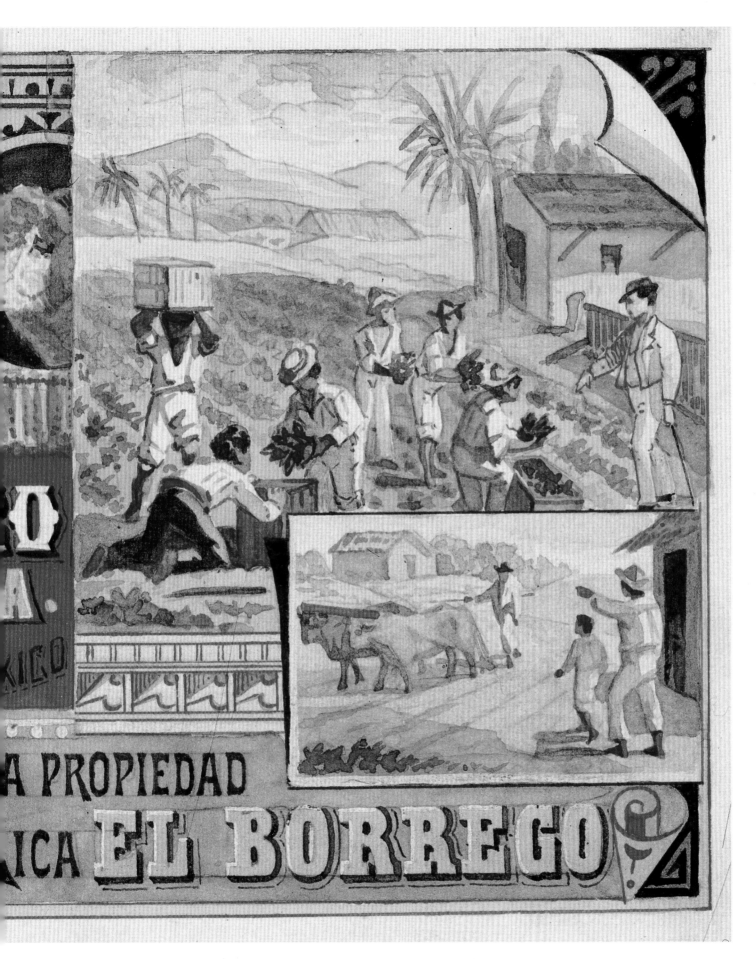

Proyecto para etiqueta "El Borrego y La Asturiana". Tinta y acuarela sobre papel. Cat. 199

Proyecto de un anuncio para "The Panamerican World". Acuarela sobre papel. Cat. 192

y *Plazuela de Guardiola*. Toussaint tenía razón, pues, en cuanto a que es posible postular una relación de "reflejo" entre ambas colecciones litográficas; pero habría que replantearse si es sólo "un destello de arte" lo que en el *Álbum mexicano* reluce, y si nuestro juicio al respecto no debería de regirse más bien por otros criterios. Esto nos obliga a definir sucintamente las características de aquellas imágenes, que proveen del contexto más apropiado donde situar la producción de Castro al final de su trayectoria artística.

Al contemplar las estampas del *Álbum Mexicano*, en cotejo con las de gran formato del *México y sus alrededores*, salta a la vista un primer elemento diferenciador: su "pequeñez", a la que Toussaint aludía con un dejo de menosprecio. Esta pequeñez nos sitúa de inmediato en el ámbito de una experiencia más cotidiana, más ligera; y esto proporciona una primera clave de lectura, confirmada luego en el espíritu más leve y juguetón que preside la concepción de las escenas. Aquí se retoma, para llevarlo a un desarrollo ulterior, algo ya presente en las versiones de los años setenta del *México y sus alrededores*. Pocas veces se había logrado comunicar una tan notable armonía y compenetración entre la ciudad y sus habitantes, tejidos en una unidad inextricable. Los dibujantes parecen complacerse en acentuar los aspectos más gratos de la vida urbana: el placer mismo de *vivir* la ciudad y pasear por ella en una suerte de asueto sin fin, de domingo siempre renovado, para mirar el inagotable espectáculo de sus jardines y calles arboladas, surcados por la interminable procesión de las mujeres, gozosas de exhibir sus encantos realzados con arreglo al último grito de la moda (con esas curiosas y protuberantes siluetas de palmípedo, merced al uso del polizón o *pouf)* y por el deambular sin tregua de los hombres, obstinados en la contemplación y el asedio de la belleza femenina y en el infatigable seguimiento del acontecer callejero.

Aquí parece cumplirse la doble exigencia que, en un célebre texto publicado en *Le Figaro* en 1863, le planteaba Baudelaire al "pintor de la vida moderna": saber capturar la belleza a la vez eterna y transitoria de la vida actual en las metrópolis.[24] Los edificios y monumentos, con su bien ganada significación en el imaginario colectivo de la época, proporcionan a la imagen el elemento aparentemente inmutable de la belleza; la otra mitad, la sensación de la belleza efímera, fugitiva y contingente, la aportan las mujeres y los *flâneurs*, con sus modas cambiantes y su propia movilidad sorprendida en una pose instantánea que se antoja natural, por más que esté bien calculada. Sin esfuerzo aparente, los dibujantes de los años 80 aciertan a sugerir, en las figuras, actitudes y gestos momentáneos y huidizos, signados por una elegancia sin par; y no vacilan en fijar su atención en lo trivial, con tal de conferir una mayor impresión de vivacidad y verosimilitud a la escena.

No es difícil adivinar la profunda relación existente entre la imagen de la ciudad que Castro y sus seguidores nos ofrecen (tanto en sus acuarelas tardías como en el *Álbum mexicano*) y los anhelos y ambiciones de la próspera burguesía porfirista, centrados en el consumo mercantil, la obsesión de la moda y la necesidad de construir su propio sentido de identidad social, en el corazón mismo de la metrópolis convertida en foro y espectáculo. Vista sobre este trasfondo, no nos sorprenderá ya la importancia cuantitativa y cualitativa de la labor de Castro como dibujante de bosquejos para la ejecución de anuncios y viñetas promocionales de establecimientos comerciales, tiendas y fábricas de toda laya, que no es sino otra faz de la incipiente mentalidad "consumista" que aquellas vistas urbanas revelan.[25]

Muy probablemente, estas imágenes promocionales de la industria y el comercio fueron ejecutadas por Castro en el tramo final de su trayectoria artística, acaso para satisfacer encargos de Montauriol y de la Imprenta Litográfica de Debray Sucesores.[26] La abundancia de dibujos representativos de fachadas de

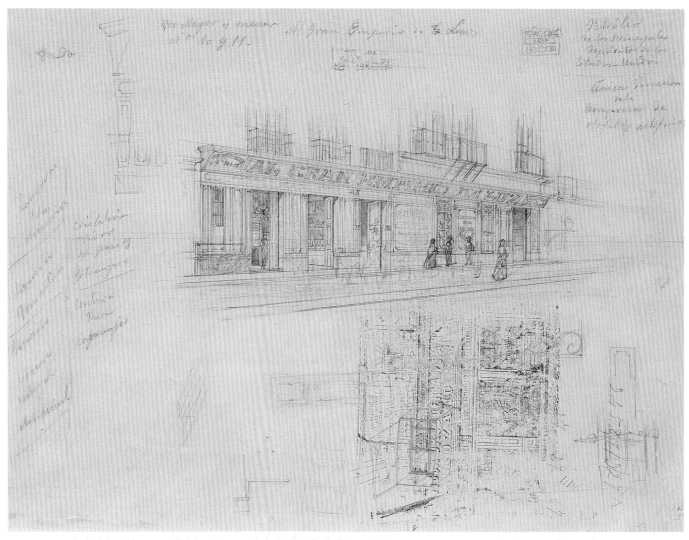

Fachada del establecimiento "Al Gran Emporio de la Luz" y sello de "Antigua Droguería Francesa Lozano y Cía". Lápiz sobre papel. Cat. 181

Fachada de un edificio industrial. Lápiz sobre papel. Cat. 109

Fachada de edificio industrial. Lápiz sobre papel. Cat. 107

Fachada de "Antigua Droguería Francesa Lozano". Lápiz sobre papel. Cat. 182

edificios comerciales y de tiendas, y su formato pequeño, nos llevan a pensar que se trata de bocetos o modelos para la fabricación de membretes o de sellos. La fachada del establecimiento *Al Gran Emporio de Luz,*
donde aparece la impronta de un sello con la fachada
de la *Antigua Droguería Francesa Lozano y Cía.,* tal
como fuera recreada por el lápiz del artista en el dibujo
cat. 182, constituye un testimonio valioso para confirmar uno de los posibles usos de tales trabajos.

Conviene recordar, por otra parte, que los anuncios de casas comerciales y de profesionistas publicados en periódicos, revistas, guías de ciudades, etc.,
solían estar decorados con una viñeta que figuraba,
en miniatura, la fachada del edificio donde el negocio se albergaba. El dibujante ponía sumo cuidado en detallar no sólo las líneas arquitectónicas y

los pormenores decorativos del inmueble, sino también los letreros e inscripciones acumulados en
todos los espacios libres del frontispicio. De ahí el
prurito de Castro por enumerar, en los dibujos con
este asunto, los géneros principales que en una determinada casa comercial podían adquirirse, los servicios que una compañía o empresa ofrecía, o la totalidad de negocios alojados en un edificio equis. (Esta
misma información acaso se repetía a ambos lados
de la viñeta y en letra más legible, para mejor ins-
trucción del lector.) No es difícil inferir la extraordinaria conjunción de agudeza visoria y destreza
manual requerida para ejecutar semejante trabajo
en el diminuto espacio de una viñeta.

En estos croquis Castro demuestra su maestría di-
bujística, no sólo por la minuciosidad con que repro-

Interior de ingenio piloncillero. Tinta, lápiz, acuarela y gouache sobre papel. Cat. 104

dujo los detalles arquitectónicos y decorativos, sino por la viveza de personajes y accesorios a menudo incluidos en estas imágenes minúsculas. Valgan de ejemplo los bocetos correspondientes a la *Sombrerería de Zölly Hermanos* y a la tienda *La Jalapeña*. La primera representa los escaparates e ingresos de un establecimiento lujoso, situado en un portal céntrico; mediante una especie de *collage* fueron añadidas varias figuras de parroquianos potenciales, quienes al tiempo que contribuyen a definir la escala (un tanto defectuosamente, por cierto), realzan, con su elegancia,

la del establecimiento (véase también el dibujo del cat. 168). En cambio, la viñeta de *La Jalapeña* recrea el frontis y algo del interior de una gran tienda de loza, al fondo de unos portales de aspecto más campechano; aquí Castro ha añadido un detalle muy sabroso: a la izquierda, pegada a uno de los pilares, se ve una mesilla o "puesto" rudimentario, que contrasta con la magnitud de la tienda y evoca la práctica de un comercio callejero más modesto y precario.

Con todo, andaríamos muy descaminados si pensásemos que Castro haya querido rebasar el estatuto

Fachada de la "Casa litográfica de Víctor Debray". Lápiz sobre papel. Cat. 189

puramente funcional de estos trabajos mercantiles al empeñarse en bordar con primor tales pormenores. Su elegancia de concepción y su acuciosidad eran factores que aportaban al anuncio un ingrediente artístico dignificador, premisa indispensable ya de toda tarea promocional decorosa. Formaban parte del empeño por poner el arte al servicio del comercio: vender una imagen de elegancia había llegado a convertirse en exigencia de una mercadotecnia novedosa.[27] En todo caso, confirman el alto grado de profesionalismo alcanzado por la litografía mexicana en el último cuarto del siglo XIX.

No es casual. Así parecen haberlo demandado las necesidades propagandísticas de una industria y un comercio en espectacular crecimiento, gracias a la mentalidad "desarrollista" alentada durante la gestión de Manuel González (1880-1884) y luego incrementada a partir de la primera reelección de Porfirio Díaz (1884), así como a la tan anhelada paz y estabilidad que este régimen logró implantar al fin.

Otra faceta de este capítulo, y aquí ya sólo queda espacio para enunciarla, la constituyen las imágenes relacionadas con la industria, tanto las que se refieren a la representación de los propios establecimientos fa-

briles, a los procesos de producción y a la representación de maquinaria, como las relativas a etiquetas y envolturas, o a almanaques y carteles promocionales. Dos de las representaciones más tempranas y elaboradas de edificios fabriles quedaron incorporadas a las versiones tardías de *México y sus alrededores*: la fábrica de hilados y tejidos *La Hormiga*, en la estampa titulada *Cascada de Tizapán (Sn. Angel)*; y el *Molino de Belén, Lomas de Santa Fé (Tacubaya)*, el cual funcionaba como fábrica de papel. Hay, además, una acuarela de un realismo sorprendente, tal vez la vista mejor ejecutada del interior de una fábrica en el Mé-

xico decimonónico: está catalogada como *Interior del ingenio piloncillero*, pero falta acertar con la identificación precisa. Lo que la relaciona con las concepciones tardías de Castro y de sus seguidores es la presencia de unos visitantes citadinos muy emperifollados que curiosean por el soleado patio del establecimiento, donde los dulces panes cristalizados se acumulan sobre tarimas, mientras que al fondo, entre nubes de vapor, se abren los espacios donde las máquinas se alojan y donde los obreros sudan y se esfuerzan para sacar avante el proceso productivo.

Fachada del almacén "La Jalapeña". Lápiz sobre papel. Cat. 179

Álbum: *México y sus alrededores*. Lám. *Las Cadenas en una noche de luna*. Litografía a color (segunda versión).

NACIMIENTO Y DESARROLLO DEL ÁLBUM
MÉXICO Y SUS ALREDEDORES

Roberto L. Mayer

México y sus alrededores, obra de un equipo de dibujantes y litógrafos de los cuales el más prolífico era Casimiro Castro, es la culminación de una serie de álbumes que ilustran nuestra capital y otras ciudades de nuestro país, que se publicaron en el siglo pasado.

La publicación de imágenes con paisajes de México se inició en 1811 con el álbum *Vues des Cordillères* de Alexander von Humboldt donde, entre otras muchas vistas en aguafuerte, aparece una de la plaza mayor de la ciudad de México con la estatua de Carlos IV al centro y la catedral al fondo, copia del grabado que hiciera Joaquín Fabregat conmemorando la colocación del monumento en 1796.

Al consumarse la independencia de México y quedar sus puertas abiertas al mundo, se iniciaron las visitas de viajeros de Europa y los Estados Unidos de América, cuyos objetivos eran muy variados. Junto con los diplomáticos y empresarios, que buscaban la forma de invertir y participar en el desarrollo de México, llegaron hombres de ciencia, artistas y escritores, deseosos de satisfacer su curiosidad de conocer un país cuya conquista se había descrito como epopeya y cuyo aislamiento del resto del mundo, durante casi tres siglos, convirtió su desconocimiento, en romance.

En 1826 o 1827 estuvo en México George Ackerman, hijo del dueño de una casa editora que se especializaba en publicar libros en castellano para los países recién independizados de Latinoamérica. Dibujó dos vistas de la ciudad de México, una desde el noreste, la otra del zócalo con su catedral, que en Londres fueron grabadas en cobre con detalles en aguatinta.

La Sra. Ward publicó en Londres en 1829 un álbum con seis aguafuertes mostrando diversas poblaciones mineras de México. Ya con anterioridad habían aparecido litografías, basadas en sus dibujos, ilustrando el libro en que su marido H. G. Ward, primer representante británico ante el gobierno de México, hizo un estudio económico y minero del México recientemente independizado.

De aquí en adelante todos los álbumes que aparecieron se ilustraron con litografías. Carl Nebel publicó en París en 1840, y luego en México, su *Viaje pintoresco y arqueológico sobre la parte más interesante de la República Mexicana* con cincuenta vistas de nuestra capital y de otras ciudades, así como de motivos arqueológicos.

También en 1840 apareció en Londres una carpeta con doce litografías acuareleadas según dibujos de Daniel Thomas Egerton, quien nos muestra diversas ciudades y centros mineros que visitó durante su

Álbum: *México y sus alrededores*. Lám. *El Valle de México. Tomado desde las alturas de Chapultepec.* Cromolitografía (segunda versión).

primera estancia en México. También ejecutó un buen número de cuadros al óleo antes de morir trágicamente durante su segunda estancia.

Pedro Gualdi vivió en nuestro país durante muchos años y en 1841 fue el primero en imprimir y publicar en México un álbum, *Monumentos de México*. Fue autor de gran número de pinturas al óleo y, generalmente, hacía de ellas una versión litográfica; se antoja pensar que quería lograr que un mayor número de personas gozara de su talento de ilustrador.

En 1848 apareció en Londres el álbum *México Illustrated,* cuyos autores fueron John Phillips y Alfred Rider quienes, además de mostrarnos muchas vistas originales de lugares que no habían sido ilustra-dos con anterioridad, copiaron algunas de Nebel y de Gualdi. Phillips era administrador de una empresa minera y vino a inspeccionar su planta de producción en Real del Monte, visitando también otras zonas mineras.

Un álbum un poco fuera del contexto que estamos tratando, ya que ilustra exclusivamente edificaciones de la cultura maya, es *Views of Central America, Chiapas and Yucatán,* publicado en Londres por Frederic Catherwood, cuyos dibujos mandó pasar en piedra a los litógrafos más hábiles del momento. Con anterioridad había acompañado a John L. Stephens en sus viajes a Belice, Guatemala, Honduras, Chiapas y Yucatán para hacer los dibujos que, como xilografías, ilus-

Álbum: *México y sus alrededores*. Lám. *El Valle de México. Tomado desde las alturas de Chapultepec*. Litografía a color (primera versión).

tran profusamente los cuatro volúmenes del relato de sus exploraciones.

Sumamente activo en los años cuarenta y cincuenta del siglo pasado fue Julio Michaud y Thomas, dueño de una estampería donde se comerciaba con imágenes y vistas de toda clase; la mayor parte de las estampas no fueron impresas en México, generalmente las encomendaba a un taller en París. Algunas de sus imágenes muestran personajes y sucesos históricos, otras son de vistas de la ciudad de México, firmadas por Urbano López quien malcopió dibujos de Gualdi y otros artistas, y por Federico Lehnert, quien sacó sus propias versiones de las estampas de Nebel con quien antes había colaborado. Alrededor de 1850

Julio Michaud y Thomas publicó su *Álbum mexicano*, sin fecha y sin contenido fijo, lo que hace suponer que formaba los ejemplares según los prospectos de venta.

A la visión de José Antonio Decaen, quien aprovechó un momento muy afortunado, debemos la publicación del *México y sus alrededores* En la década de 1850 la litografía llegaba a su apogeo en México, había un gran número de litógrafos muy hábiles y el género del álbum ilustrado estaba en boga. Decaen reunió a un grupo de dibujantes y litógrafos con mucho talento para ilustrar lugares de interés, que seleccionó con gran cuidado, y obtuvo artículos de los mejores escritores de la época, para que los describieran. La impresión de estos textos siempre corrió a cargo de la Imprenta de Ignacio Cumplido. Calle de los Rebeldes núm. 2, la más importante de la época, editora de innumerables libros y del periódico *El Siglo Diez y Nueve.*

Como se asienta en la portada de muchos de los ejemplares del *México y sus alrededores* que han llegado a nuestros días, se inició su publicación en los años 1855 y 1856. Se inició la venta a suscriptores en 1855, pero desde fines de ese año los nuevos suscriptores tenían que abonarse por dos series con un total de 24 vistas. Desde principios de 1856 ya se vendía el álbum encuadernado. Muy pronto y con la misma fecha en la portada tipográfica de 1855 y 1856, y después 1855 y 1857, la obra tuvo 38 litografías y se ofrecía encuadernada, con o sin texto.

La portada litográfica, que precede a las ilustraciones, en las primeras versiones es a dos colores y la hemos visto fechada "1855 y 1856", "1855 y 1857" y "1863 y 1864": en versiones posteriores está a siete tintas y no trae fecha.

Era usual en las primeras décadas de la litografía, que las vistas fueran acuareleadas por artesanos que copiaban el coloreado de un modelo preparado, generalmente, por el artista autor del dibujo original.

Muchas de las vistas del *México y sus alrededores* son a dos colores o duotono, siguiendo una técnica muy común en aquella época, según la cual se imprimía con una primera piedra, que podríamos llamar piedra fundamental, la mayor parte de la imagen en tinta color sepia oscuro o negro y, con una segunda piedra con tinta ocre claro, se resaltaban los detalles y se llenaba de nubes el firmamento. Al pasar el tiempo fueron agregando colores, generalmente con piedras adicionales, una por cada color, usando así una tercera piedra para el azul del cielo y del agua, y, en algunos casos, una cuarta piedra para darle su color verde a la vegetación. La acuarela, a diferencia de otros talleres, en el *México y sus alrededores* la usaron en forma muy

Álbum: *México y sus alrededores*. Lám. *Vista de Puebla tomada desde el Cerro de San Juan 1863*. Litografía.

Álbum: *México y sus alrededores*. Lám. *Plaza de Armas de México (desde la Catedral)*. Litografía.

moderada y sólo para retocar detalles o para agregar colores poco frecuentes en la estampa, tales como los de las prendas de vestir. (Ver tabla I).

Las primeras versiones del *México y sus alrededores* tienen, en general, colores discretos; la riqueza de colorido va en ascenso con el tiempo, agregando piedras para dar colores adicionales y cada vez más vivos. En algunas litografías llega a ser notable la alegría del colorido. Se dice que las últimas versiones se hicieron por cromolitografía; esto no es correcto como se verá más adelante.

Curiosamente, no en todas las vistas el número de

Roldán y *La Plazuela de Guardiola* llevan el cielo y los azulejos en azul, mientras que en la versión de 1866 se imprimieron con sólo dos piedras con el cielo en color ocre. Surge la pregunta de cuál sería el motivo para reducir el número de colores en algunas vistas cuando la tendencia parecía ser precisamente la contraria.

Así vemos que *El Paseo de la Viga* en 1866 se ha mejorado imprimiendo el cielo en su color acostumbrado y cambia el agua verdosa a un azul cristalino, bello pero poco creíble; posteriormente se vuelve a imprimir solo en sepia y ocre. *Antigüedades mexicanas* en las últimas versiones ya sólo se imprimió con una

Álbum: *México y sus alrededores*. Lám. *Plaza de Armas de México (desde la torre de la Iglesia de San Agustín)*. Litografía a color (segunda versión).

ciones, en las diversas versiones del álbum, es poco consistente.

Peter C. Marzio define a la cromolitografía como una impresión de por lo menos tres colores mediante tres piedras, donde la composición de la imagen está formada por los colores; en otras palabras, no coloreando espacios bordeados en negro o definidas por una piedra fundamental. El concepto anterior ya había sido explicado e ilustrado en 1883 en el extraordinario libro *The Art of Chromolithography, popularly explained and illustrated by 44 plates...* de Audsley George Ashdown. Con gran detalle explica los procesos de litografía y cromolitografía y, para el segundo, nos muestra la aportación de cada piedra y

el efecto que se va acumulando en cada paso, mediante un ejemplo en que se emplearon veintidós piedras para lograr el efecto que se propuso el artista. Se inicia el trabajo con un dibujo maestro que se litografía sobre una primera piedra y que se transmite litográficamente a todas las demás pasando la imagen usando un papel con tinta húmeda; después se litografían en cada piedra las partes que llevarán el color respectivo y, si la edición va a ser grande, se usan las primeras piedras solamente para generar litográficamente las que van a servir para hacer la impresión. Durante la impresión se pasa de los colores más claros a los más oscuros. De fundamental importancia es la conservación de un perfecto re-

Álbum: *México
y sus alrededores.*
Lám. *Catedral de México.*
Litografía
(segunda versión).

Álbum: *México y sus alrededores.* Lám. *Catedral de México.* Litografía a color (primera versión).

gistro, es decir que las diversas impresiones de color caigan en el lugar debido.

Según la anterior explicación, la única imagen del *México y sus alrededores* que es cromolitografía, es la segunda versión de *El Valle de México.* En cambio, la mayoría de las vistas del *Álbum del Ferrocarril Mexicano* son cromolitografías, hecho que se asienta al pie de ellas.

Las ilustraciones en las diversas versiones del *México y sus alrededores* no llevan un orden determinado, salvo que las ciudades de provincia. *Puebla, Orizava* [*sic*] y *Veracruz* van al final en las versiones que las incluyen. Las tres vistas de Tacubaya no siempre van juntas, tampoco las de *Trajes Mexicanos,* ni las de la

Plaza Mayor de México y los edificios que la circundan; tampoco van juntas las vistas de lugares que podría uno considerar que se relacionan en alguna forma por su cercanía.

Es interesante observar como se fue modificando el álbum *México y sus alrededores* según la situación política del país. Así tenemos que durante la intervención francesa se incluyó la *Vista de Puebla desde el cerro de San Juan,* que muestra a la Angelópolis sitiada por el ejército francés: el *Teatro Nacional* se ha renombrado *Teatro Imperial,* no sólo en el pie de ilustración, sino sobre la fachada, modificando la piedra que, al triunfar la república, fue motivo de nueva corrección, poco exitosa. En las versiones de esa época

Álbum: *México y sus alrededores*. Lám. *La Ciudad de México. Tomada en globo por el Noroeste*. Litografía a color.

también se incluyó una vista de la *Plaza de Armas de México,* desde la Catedral, que viene siendo una de las pocas imágenes que conocemos de la iglesia de San Agustín (después Biblioteca Nacional), cuya torre poniente fue frecuentemente el lugar desde el cual dibujantes, pintores y más tarde fotógrafos, hacían sus panorámicas de la ciudad de México. En esta época también se modificó la vista de la *Catedral de México:* el destacamento de lanceros escoltando una carroza, en la que seguramente iba el presidente Antonio López de Santa Anna, ha sido sustituido por un regimiento de soldados franceses. En las últimas versiones del *México y sus alrededores* esta vista se suprimió por motivos obvios.

Con el paso del tiempo el contenido del álbum *México y sus alrededores* se fue modificando en otras formas. Se fueron actualizando las vistas para incorporar cambios en el paisaje y se sustituyeron los personajes poniendo al día el vestido. También se agregaron nuevos temas y se retiraron otros. A las vistas *La Ciudad de México. Tomada en globo por el Noroeste* y *La Alameda de México. Tomada en Globo,* se les agregaron vías de ferrocarril urbano, algunas construcciones relacionadas con éste y el Paseo de la Reforma, recientemente trazado y construido a expensas del emperador Maximiliano. En la *Plaza de Armas de México* vista desde la torre de la iglesia de San Agustín, en su segunda versión, el célebre zócalo que le dio su nombre popular, está rodeado de una balaustrada y un arbolado parque, los cuales se ven con mayor detalle en *Jardín de la Plaza de Armas.*

La Plaza de Morelos de las últimas versiones sustituye a *La Plazuela de Guardiola,* el mismo lugar pero con otro punto de vista diferente, el convento de San Francisco ya no existe y los personajes están vestidos a la usanza de la época; en la multitud vemos a un soldado francés.

La *Casa del Emperador Iturbide, Hoy Hotel de las Diligencias Generales* es, en las primeras versiones del álbum con dibujo y trabajo litográfico de C. Castro, una vista muy fría de la fachada del edificio como la dibujaría un arquitecto al proyectarlo, es decir de frente. En las versiones postreras la vista es en ángulo, permitiendo ver la calle de Plateros, muchos de sus edificios y una escena callejera llena de bullicio con diversos personajes vistiendo a la usanza de la época en que se hizo el dibujo, ahora obra del lápiz de G. Rodríguez, quien también fue su litógrafo.

Resulta de mucho interés que de una de las litografías más celebradas. *Las Cadenas en una Noche de Luna,* se hicieron dos versiones completamente distintas, requiriendo piedras distintas, y cada una de ellas es notable por su juego de luces, tanto en las nubes como en la Catedral, árboles y paseantes. La segunda versión tiene mayor sabor costumbrista al incluir el nuevo tren urbano, vendedores de semillas asadas y el arresto de un maleante por los guardianes del orden.

En las décadas de los cincuentas y sesentas del siglo pasado fueron muy populares las vistas "tomadas desde un globo". Las ascensiones en globo fueron populares tanto como espectáculo, como proeza o deporte, comparable a los paseos en papalote en nuestras playas del Pacífico hoy en día. El primer ascenso en globo realizado en México fue del Sr. Eugenio Robertson el 12 de febrero de 1835. Pensamos que las vistas "tomadas desde un globo" se popularizaron

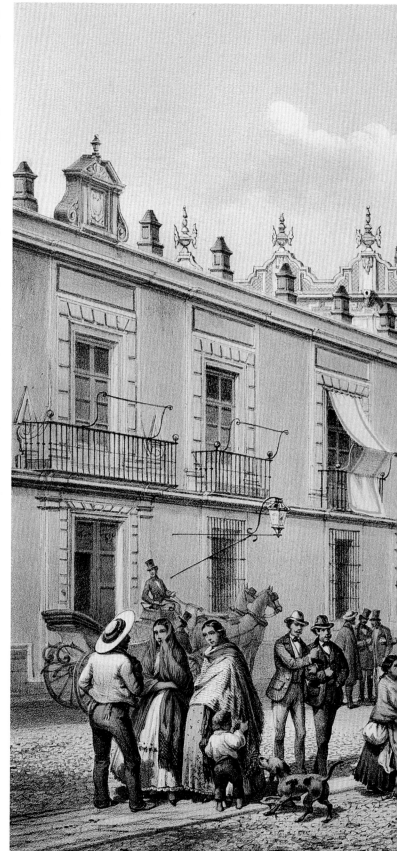

Álbum: *México y sus alrededores.* Lám. *Plaza de Morelos. Antigua Plazuela de Guardiola.* Litografía a color.

Álbum: *México y sus alrededores*. Lám. *Casa del Emperador Iturbide, Hoy Hotel de las Diligencias Generales*. Litografía (primera versión).

Álbum: *México y sus alrededores*. Lám. *Casa del Emperador Iturbide, Hoy Hotel de las Diligencias Generales* . Litografía a color (segunda versión).

Álbum: *México y sus alrededores*. Lám. *Paseo de Bucareli*. Litografía (primera versión).

como consecuencia de las maravillas que relataban los aventureros que ascendían en globo. El género de vistas tomadas desde un globo está representado en *México y sus alrededores* por *La Ciudad de México tomada en Globo. Paseo de Bucareli, La Alameda de México (Globo)* y *Veracruz*. Nuestra mentalidad de fines del siglo XX piensa inmediatamente que el dibujante o un fotógrafo se subía en el globo y dibujaba, o tranquilamente tomaba una foto de lo que veía: sin embargo surgen objeciones, las fotos requerían en esos tiempos de una exposición demasiado larga y el globo no permanecía inmóvil, el dibujo hubiera sido demasiado tardado y los globos no llegaban a la altura necesaria para tomar la pa-

norámica de una ciudad entera. Era necesario pues que el artista tuviera gran talento, mucha inventiva y profundos conocimientos de perspectiva, amén de gran paciencia, para tomar apuntes de los edificios más sobresalientes para irlos colocando en un plano detallado, reduciendo a la perspectiva, el área ilustrada.

De gran interés histórico y técnico es comparar las dos versiones del *Paseo de Bucareli*. Una observación minuciosa de las dos vistas nos convence que fueron hechas en la misma piedra ya que ambas coinciden en muchos detalles, algunos de ellos pequeños y sin importancia; sin embargo, la mayor parte de la piedra se dibujó de nuevo para corregir y actualizar

Álbum: *México y sus alrededores*. Lám. *Paseo de Bucareli*. Litografía a color (segunda versión).

la primera versión. Se modificó la cordillera de montañas del tercer plano y se agregaron varias casas de reciente construcción; también se aumentaron detalles en edificios como el Tívoli del Eliseo y el castillo de Chapultepec, en el segundo por las obras que mandó hacer Maximiliano. Por el anterior motivo también aparecen ya el actual Paseo de la Reforma, un tren de mulitas y un ferrocarril con máquina a vapor.

Y ya que hablamos de las obras en el castillo de Chapultepec ordenadas por Maximiliano, se debe de señalar que en la segunda versión de *El Valle de México, tomado desde las alturas de Chapultepec,* aparece un castillo muy ampliado, con nueva atalaya, y un camino de acceso y rejas dignos de un palacio imperial.

Todos los cambios y sustituciones dan por resultado que existan 13 vistas distintas entre las diversas versiones del álbum *México y sus alrededores* que hemos tenido oportunidad de revisar.

El hecho de que el papel empleado para las litografías sea muy disparejo en el grosor, nos hace pensar que el impresor tenía que darse por satisfecho con el material que pudiera conseguir y que en aquel tiempo aún no había un control de calidad riguroso o normas generalmente aceptadas en la industria papelera.

Todas las litografías llevan pie de ilustración en castellano, inglés y francés, aunque los nombres en idioma extranjero no siempre están correctamente expresados. Los textos descriptivos están en castellano en las primeras versiones y posteriormente también en francés, circunstancia lógica, ya que hubo que satisfacer el mercado en el idioma que vino con la intervención francesa.

Hasta 1864, aparece en la portada tipográfica de un ejemplar del *México y sus alrededores*, el nombre de Establecimiento Litográfico de Decaen. En un ejemplar con año 1869 en la portada tipográfica aparece el nombre Taller Litográfico de Víctor Debray. Hasta 1864 Jean Decaen trabajaba solo, entre 1865 y 1868 trabajó junto con Víctor Debray y, a partir de 1869, este último aparecía como dueño único del negocio hasta que en 1875 pasó a manos de C. Montauriol quien, durante algún tiempo, usó el nombre Lito, Debray Sucesores.

CONCLUSIONES:

El álbum *México y sus alrededores* fue la culminación de una serie de álbumes de gran formato que ilustraron nuestras principales ciudades, sus costumbres, sus edificios más importantes, los lugares de interés y paisajes de nuestro país. El éxito del proyecto se debe a la cuidadosa dirección que le dio Jean Decaen y el genio ilustrativo de un grupo de dibujantes y litógrafos, entre los cuales destacaba Casimiro Castro.

El contenido del álbum se fue modificando por distintos motivos con el transcurso del tiempo: por incrementar el número de ilustraciones; por aumentar su atractivo al presentar ilustraciones con colorido cada vez mayor; por haber mejorado su técnica el taller y los artistas; por modificar, agregar o retirar ilustraciones por motivos políticos; para incluir nuevos temas; por cambios en el paisaje urbano; por cambios en la moda del vestido; para agregar un pla-

no de la ciudad de México y un mapa de la República Mexicana. La venta se hacía con o sin texto explicativo de las láminas.

La revisión de varios ejemplares del *México y sus alrededores* nos muestra que hay una total irregularidad en diversos elementos rechazados del libro (cubierta, portada litográfica, portada tipográfica, plano de la ciudad de México, plano de la República Mexicana) y aún del nombre del editor; opinamos que no se publicó en ediciones formales, aunque algunos ejemplares lleven la leyenda "Nueva Edición Aumentada" o "Segunda Edición". Es indudable que se fueron preparando partidas de ejemplares del *México y sus alrededores* según se necesitaran para satisfacer la demanda del mercado, con los elementos que se tuvieran a la mano en ese momento, aun si fueran de alguna impresión anterior; se nota que ni siquiera tuvieron el cuidado de almacenar impresiones recientes de vistas y planos debajo de las anteriores, para asegurarse de que las anteriores se usaran primero.

Muestra del talento de Casimiro Castro y demás dibujantes-litógrafos que llegaron a formar parte del equipo de Decaen, es su capacidad de trabajar diferentes géneros de dibujo y técnicas de litografía. Tuvieron la facilidad de ilustrar paisajes, edificios, vistas aéreas y personajes; y los pasaron a la piedra litográfica con técnicas tan variadas como lo son la litografía a duotono, la litografía coloreada y la cromolitografía.

Haciendo un juicio estético, necesariamente subjetivo, consideramos que, aunque dominaron perfectamente las técnicas de duotono y cromolitografía, sus trabajos más bellos y sus vistas mejor logradas lo fueron usando la litografía a color mediante el uso de cinco, seis o siete piedras.

TABLA I

Fechas que aparecen en diferentes elementos del álbum *México y sus alrededores* en diez ejemplares revisados.

Ejemplar	Cubierta		Portada litográfica	Portada tipográfica	Plano Cd. México	Carta Rep. Mexicana	Nota en la Portada tipográfica
CP-1	33/89	s/f	1855 y 1856	1855 y 1856	s/pl	s/c	
CP-2	62/83	s/f	1855 y 1856	1855 y 1856	1858	s/c	
CP-3	61/81	1866	1863 y 1864	s/f	1865	s/c	
CP-4	68/83	1870	s/f	1869	1873	1872	Nueva Edición Aumentada
CP-5	20/89	s/f	s/f	1864	1875	1872	Segunda Edición
MFM-1	R-35	s/f	1855 y 1856	1855 y 1856	s/pl	s/c	
MFM-2	R-32	1864	1855 y 1856	1855 y 1857	1863	s/c	
MFM-3	R-33	1878	Sin fecha	1869	s/pl	s/c	Dedicatoria manuscrita 1871
CP-6	Muni	1871	s/f	1869	1869	1870	
CP-7	Chm	1867	1863 y 1864	1864	1865	s/c	

El Museo Franz Mayer tiene otro ejemplar, el R-34, que es igual al R-35.

MFM Museo Franz Mayer
CP Colecciones particulares.

s/f sin fecha
s/pl sin plano
s/c sin carta

TABLA II

Litografías que aparecen en diversos ejemplares del álbum *México y sus alrededores*, indicando dibujante/litógrafo (según crédito en la ilustración), número de piedras o colores empleados y si hubo acuarelado:

		CP-1 33/89	CP-2 62/83	CP-3 61/81	CP-4 68/83	CP-5 20/89	MFM-1 R-35	MFM-2 R-32	MFM-3 R-36
Portada litográfica	LA/CC	2	2	2			2	2	
Portada litográfica	—/—				7	7			7
Fuente del Salto del Agua+	LA/CC	3	3				3	3#	
La Fuente del Salto del Agua	CC/CC				5	5			5
La Fuente de la Tlaxpana	CC/JC	3	3	4			2	4	
La Fuente de la Tlaxpana	CC/CC				6	6			6
La Plazuela de Guardiola	CC/JC	3	3	2			5		
Plaza de Morelos					5	5			5
El Sagrario de México	LA/C	3	3	5	5	5	3	3-a	5
Casa Municipal	CC/JC	2	2	2	4	4	2	3-a	3
Casa del Emperador Iturbide	CC/CC	2	2	2			2	3	
Casa del Emperador Iturbide	GR/GR				5	5			5
[San Antonio Chimalistac	CC/JC]	2	2	2	5	5	2	2	5
[San Ángel	—/—]	2	2	2	5	5	2	2	5
La Villa de Guadalupe	CC/CC	2	2	2	6	6	2	5	6
Las Cadenas en Una Noche…	CC/CC	3	3				3		
Las Cadenas en Una Noche…	CC/CC				3	3			5
[Interior de la Alameda…	CC/JC]	2	2	2	6	6	2	2	6
[Teatro Nacional de Méx….*	CC/GR]	2	2		6	6	2	2	6
[Teatro Imperial de Méx….*	—/—]			2					
[Plaza de San Agustín…	—/—]	2	2	2	6	6	2	2	6
[El Calvario	CC/CC	2	2	2	6	6	2	2	6
La Calle de Roldán	CC/JC	3	3	3	6	6	3	4	6
Plaza de Armas de México (desde San Agustín)	CC/CC	2	2	2			2	2	
Plaza de Armas de México * (desde San Agustín)	CC/CC				6	6			6
Plaza de Armas de México (Desde la Catedral)	CC/CC			2					
Camino de Tacubaya a Chap…	CC/JC	3-a	3-a	2	6	6	3-a	4	6
Colegio de Minería	CC/GR	3	3	2	6	6	3	3-a	6
Trajes Mexicanos (caballos)	CC/JC	2	2	2	6	6	2	2	6
Trajes Mexicanos (fruteras)	CC/JC	3-a	3-a	2	6	6	3-a	2	6
Trajes Mexicanos (órganos)	CC/JC	2	2	5	6	6	2	4-a	6
El Paseo de la Viga	CC/JC	3	3	5	5	2	3	5	5
Paseo de Bucareli	CC/JC	2	2	2			2	4-a	
Paseo de Bucareli *	CC/GR				6	6			6
El Pueblo de Ixtacalco	CC/JC	3	3				3	4-a	
El Pueblo de Ixtacalco	GR/GR				6	5			6
La Alameda de México (Globo)	CC/CC	2	2	2			2	4-a	
La Alameda de México (Globo) *	CC/CC				6	6			6
Plaza de Santo Domingo	CC/JC	2	2	2	4		2		4
Trajes Mexicanos (Soldados…)	CC/JC	2	2	2	4	4	2	2	4
El Valle de México	CC/CC	2	2	2			2	2	
El Valle de México	CC/CC				6	6			6
El Mercado de Iturbide	CC/JC	3	3	2	6	6	3	5	6
Int. de la Catedral de Méx….	CC/CC	2	2	2-a	6	6	2	2	6
Catedral de México	CC/CC			2	2		3	3-a	
Catedral de México *	CC/CC				6				6

		CP-1 33/89	CP-2 62/83	CP-3 61/81	CP-4 68/83	CP-5 20/89	MFM-1 R-35	MFM-2 R-32	MFM-3 R-36
La Cd. de Méx. tomada en Globo	CC/CC		2	4					
La Cd. de Méx. tomada en Globo *	CC/CC				5	5			5
[Atrio del C. de S. Francisco	—/—		2	2	5	5	2	2	5
[Interior del Teatro Iturbide	CC/CC		2	2	5	5	2	2	5
La Villa de Tacubaya… Toluca	CC/JC		2	2	6	6	2	3	6
La Villa de Tacubaya… Chap.	CC/CC		2	2	6	5		2	5
La Glorieta	CC/CC		2	2			2	4-a	
Trajes Mexicanos (Mantillas)	CC/JC		2	2	4	4			4
Trajes Mexicanos (Miniaturas)	CC/JC		2	2	2	2		2	2
Trajes Mexicanos-el Fandango	CC/JC		2	2	6	6		2	6
Antigüedades Mexicanas	CC/CC		2	2	1	1		2	1
Ataque de una Diligencia	MS/CC			4-a	6	6			6
Gendarmería Mexicana	JAB/—			5					
Palacio Nacional de México	CC/CC			2	6	6	3-a		6
V. de Puebla… San Juan… 1863	CC/GR			2					
Veracruz	—/—			3	3	3		4	4
Indios Kikapoos.	—/—			3-a	3-a	3-a			3-a
Molino de Belén.	GR/GR				5	5			5
Chapultepec	CC/CC				6	6			6
Bosque de Chapultepec	CC/CC				6	6			6
Jardín de la Plaza de Armas	CC/CC				6	6			6
Cascada de Tizapán	CC/CC				6	6			6
Estación de Puebla… 1869	CC/CC				6	6			6
Orizava	CC/CC				5	5			5
Total Litografías (1 o 2 por página)		28	38	42	48	46	37	38	52

*   Misma piedra fundamental, pero con modificaciones en el dibujo.

+   Posiblemente se pensaba usar esta vista como portada, pues lleva la leyenda "MÉXICO Y SUS ALREDEDORES".

No tiene la leyenda "MÉXICO Y SUS ALREDEDORES".

a   Acuarelado.

[Indica que son dos vistas pequeñas en una sola página.

—/—   Dibujante/litógrafo

CC: Casimiro Castro

JC: J. Campillo.

LA: L. Auda.

GR: G. Rodríguez

MS: M. Serrano.

JAB: J. A. Beaucé

——:   Sin crédito en la ilustración.

NOTAS DE LAS TABLAS. En una nota en *El Siglo Diez y Nueve* de diciembre de 1855 se avisa que el día 1 x se hizo la sexta entrega de la segunda serie de la obra *México y sus alrededores*, que la colección está formada de 24 vistas y que para suscribirse ya es necesario adquirir las dos serie cuyo precio es de 18 pesos. También dice que faltan tres entregas para concluir la colección y que se hará lo posible para terminar la carátula para repartirla a los suscriptores con la última entrega, en unión con el texto explicativo.

En la nota en *El Siglo Diez y Nueve* del 1 x de enero de 1856 informan que al estar concluida la segunda serie de la colección del *México y sus alrededores* se ha formado de ella álbumes para su venta. El 12 de julio de 1862 anuncia la Imprenta Litográfica Decaen en *El Siglo Diez y Nueve*, el álbum *México y sus alrededores* con 40 vistas a $22.

El 7 de octubre de 1863 anuncia el periódico *La Sociedad* el álbum *México y sus alrededores* con 42 vistas, plano y texto en $22, sin texto $18, con 29 vistas $10.

Cascada de Tizapán, San Ángel, 1864. Lápiz y gouache sobre papel. Cat. 95

EL DIBUJO DE
CASIMIRO CASTRO

María Elena Altamirano Piolle

INTRODUCCIÓN

Una de las prácticas más significativas en el campo de las artes plásticas se encuentra en el dibujo artístico y, sobre todo, en el retrato, la figura y el paisaje. El dibujo aparece como el nexo principal de expresión entre el medio sensible, la habilidad y el conocimiento técnico que identifican al talento creativo de reconocido valor. Artistas de todos los tiempos lo consideraron la base de la pintura, la escultura y el grabado; tanto por ser la piedra angular de las diversas manifestaciones de las artes plásticas como por la transmisión de las mismas. En el pasado, su práctica ya planteaba no pocas dificultades derivadas de los principios técnicos y estéticos destinados a desarrollar la aptitud artística.

Así lo valoraron célebres pintores, ninguno de los cuales dejó de dedicarle tiempo y un buen número de páginas sobre sus métodos de estudio. Épocas aquéllas en que, con toda seriedad, se realizaba el dibujo en beneficio del quehacer artístico para adquirir el conocimiento que nace de la experiencia.

Durante el siglo XIX, Casimiro Castro, un artista mexicano de superior técnica en el dibujo, supo observar su época, las costumbres y la geografía del México de entonces, y las plasmó en una obra que dejó ras-

tros indelebles en la producción de muchos pintores de su tiempo. Los dibujos de este artista constituyen un rico patrimonio visual de valor histórico y están llenos de esa habilidad que lo distinguió entre los mejores exponentes decimonónicos.

Castro fue un dibujante en cuya obra trató los temas más variados, desde los botánicos, que requieren haber leído y visto mucho, y haberse dedicado al estudio de las ciencias naturales y de toda suerte de investigaciones, hasta las vistas urbanas, paisajes y retratos de detalle preciso. Recorrió grandes distancias para dibujar pueblos y ciudades, y los avances tecnológicos, como el ferrocarril y el telégrafo. Se hizo notar con trabajos publicitarios de tratamiento multicolor, cuya calidad no logró por intuición directa sino por la práctica y el talento. Confirmó la utilidad del dibujo en la técnica litográfica, y se ocupó de la acuarela y su valor cromático, así como de la dimensión polícroma de la cromolitografía, propia de la escrupulosidad de una técnica complicada. Incluso dibujó de manera abundante en sus libretas de apuntes, plasmando bocetos en los que puede distinguirse su técnica de dibujo: partir de grandes trazos para aproximarse al detalle de las cosas, pero siempre ajustándolas en proporción al tamaño del papel. Bocetos hechos con soltura y calidad, dominio técnico, agudeza en la capacidad perceptiva y una composición que no permite desviar la atención con imágenes intrascendentes. Observaciones sintetizadas con calidad en la expresión y notable elocuencia para plasmar objetos en movimiento; es decir, realizaba una rápida observación de acontecimientos fugaces sin que su trazo perdiera frescura e intensidad. Bocetos que el artista llevaba a cabo para ejercitar la capacidad de percibir lo esencial y desarrollar un dibujo sintetizado y, a la vez, sentido.

APRENDIZAJE CON PEDRO GUALDI

Durante la mocedad de Castro, la capital tenía una gran actividad artística y este joven tuvo un laborioso aprendizaje del dibujo al trabajar en el taller de Pedro Gualdi, artista italiano que llegó a México procedente de París, para incorporarse, en 1850, como docente, a la clase de perspectiva en la Academia de San Carlos. Gualdi realizó diversas obras con imágenes de residencias palaciegas, edificios públicos, monumentos y paseos urbanos. Hizo litografías de la capital y del resto del país, entre las que se destacan *Monumentos de México tomados del natural y litografiados por Pedro Gualdi: pintor de perspectiva.*

Bajo la dirección de Gualdi, quien —como buen observador que era— supo percibir los indicios reveladores del talento de Castro, el joven asimiló los principios del trabajo a lápiz y de la interpretación litográfica; el espíritu de labor en el taller y los sólidos cimientos del dibujo en claroscuro. Con este artista italiano, su estilo se perfiló en la corriente que busca el detalle y esa apariencia visual del momento tal y como son afectados los lugares y las cosas por la luz. No es una ligereza afirmar que, con Gualdi, su vocación artística se libró de los vicios incipientes propios de todo aprendiz, al alimentar el incesante ejercicio con el dibujo que satisface el afán de afirmación y elogio.

Desde ese momento, su dibujo presentó una estrecha ligadura con la preocupación de practicarlo con firmeza, sagacidad e imaginación, aspectos que se adquieren si se cultivan mediante un prolongado ejercicio y persistente estudio. A partir de entonces, Castro se comprometió en una labor de análisis estético de la realidad que, progresivamente, se hizo patente en los aciertos de la línea, del modelado en claroscuro y del trazo perspectivo.

VISTAS URBANAS Y PAISAJE

Casimiro Castro perteneció a esa clase de artistas que se esfuerzan por ponerse en contacto con la imagen de la ciudad, con la vida citadina de costumbres arraigadas, con el barrio popular y los edificios públicos, donde balcones y ventanas presentaban sus mejores galas especialmente en días de fiesta. Dibujó, con el lápiz en punta, la silueta de fachadas y la geometría de callejones a partir de escorzos perdidos en lejanos horizontes que, a diferencia de los lienzos de espíritu romántico, no presentan penumbras misteriosas ni visiones otoñales, sino más bien detalles precisos. Fue un dibujante tan tenaz como hábil al analizar la composición de las fachadas arquitectónicas, pues la geometría de accesos, ventanas, macizos y ornamentos debía representarse en perspectiva de riguroso escorzo. Con la regla y las escuadras subdividía los elementos de las fachadas de conocidos edificios, atendiendo su escorzo para, luego, terminar de dibujarlas con todo detalle, empleando ya sea la regla o el trazo a mano alzada. Con regla y escuadra dibujó populares comercios capitalinos, como la *Ferretería y Mercería de José Ma. de Río* y la *Droguería de La Palma,* así como también los portales de *La Jalapeña.* Digno de mención, por el conocimiento de las posibilidades expresivas del dibujo a mano alzada y del trazo a regla, resulta el dibujo de la *Armería*

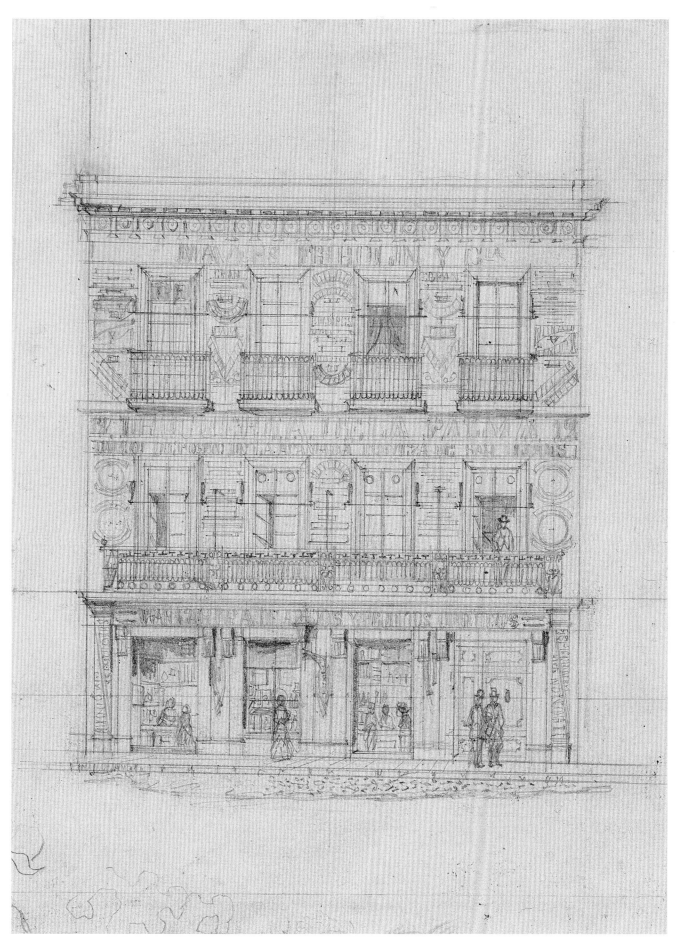

Fachada de "Droguería La Palma". Lápiz sobre papel. Cat. 170

Bosquejo de la fachada de la sombrerería "Zolly Hermanos". Lápiz sobre papel. Cat. 168

Americana y otros apuntes pormenorizados a lápiz de ornamentos de la fachada de esta misma tienda.

Asimismo, con el lápiz blanco trabajó esfumados para representar el valor de casas y edificios, para los que aplicó, entre sus más significativos recursos expresivos, distintas presiones de la mano. Utilizó grises para dar volumen a fachadas y espacios públicos ricos en imágenes de plástica elocuencia, ajenas a todo artificio amanerado. Representó, con el valor tonal, muros, aplanados y penetraciones en sombra. En los dibujos de la tienda *El Fénix Parisiense* y de la *Sombrerería Zolly Hermanos Bosovejo* atendió los volúmenes de las fachadas como configuraciones geométricas en su aspecto general y en sus detalles. Configuraciones con entrantes y salientes, iluminadas y en sombra, acompañadas de zonas en gris para acentuar la sensación de movimiento de los planos.

Pero el dibujo de Castro no hubiera podido afirmarse frente a la calidad técnica si, además de su trabajo para plasmar la arquitectura, no hubiese realizado una obra de consolidación con el claroscuro aplicado al dibujo de paisaje.

El artista viajó por el país con la motivación de tomar apuntes a lápiz de parajes naturales de belleza singular, para después, en el taller, llevar a cabo pinturas y dibujos terminados, donde la realidad se vestía de los criterios que marca la calidad tonal. Algunos lugares quedaban retirados de la capital, hecho que

Valle de México y Molino de Belén, julio 28, 1871. Lápiz sobre papel. Cat. 21

imponía la obligación de cubrir gastos, cuando menos los más indispensables. Viajes oportunos y útiles para un dibujante paisajista que pasaba gran parte del día con las manos y los ojos puestos sobre el lienzo o el papel; andanzas que hacen recordar que, por condición natural, los paisajistas fueron asiduos viajeros, como los artistas de la escuela de Barbizon y el mismo Corot recorriendo Italia, Bélgica y Holanda.

Casimiro Castro visitó lugares cercanos a la capital, como las *Lomas de San Miguelito*, para detenerse en muchas de sus localidades y dibujar con valor tonal. Durante su viaje al *Molino de Belén* tomó apuntes a lápiz con delicado trazo en punta y frotados atentos a la escala tonal sintetizada. En su dibujo *Valle de*

México marcó en el follaje sus diferencias de tono, es decir, de luz y sombra, inconfundibles y expresivas, para presentar una lectura clara del ámbito tridimensional. No es de extrañar que en sus vistas del *Santuario de los Remedios* y del *Acueducto de los Remedios* descollase el habilidoso dibujante profundo en el conocimiento del claroscuro, para agrupar los tonos interrelacionados y destacar los planos de vegetación y las zonas oscuras del follaje circundante. Y qué decir de su vista de la *Fábrica La Hormiga*, ubicada en San Ángel, en la que el reflejo luminoso de la cascada es compartido por todos los elementos naturales de la cañada. Castro se sobrepuso a la dificultad de plasmar con el lápiz superficies rugosas de

Lomas de San Miguelito. Lápiz sobre papel. Cat. 20

Santuario de Los Remedios, agosto 5, 1871. Lápiz sobre papel. Cat. 33

Acueducto de Los Remedios, agosto 6, 1871. Lápiz sobre papel. Cat. 32

Las Cumbres de Maltrata, 1874. Lápiz sobre papel. Cat. 68

muros y rocas compartiendo la luz refleja, que surge con fuerza de los chorros de agua de la cascada.

En otros dibujos de paisaje logró el encuadre con los delicados grises de la escala tonal; es decir, empleó los medios tonos para representar, por ejemplo, la bruma que deja sugestivamente indiferenciada la geografía de montañas y valles, como sucede en su dibujo de *Las Cumbres de Maltrata.*

También cabe resaltar que, en el aspecto de sus dibujos de paisajes, mucho tiene que ver la acentuada luminosidad lograda al trabajar sobre el papel blanco, ya que supo aprovechar su color para dar a las vistas luz y respiración. Papel blanco ideal para plasmar en el horizonte la finura de sutiles grises que apoyan el efecto de profundidad.

La posición del buen dibujante en el manejo del claroscuro, que diera primacía a la obra de Castro, se encuentra, asimismo, en su lámina *Combate frente a la Ciudadela.* El efecto es nocturno y el trabajo a contraluz. Sobre una base oscura rescató los blancos densos de luz de luna que producen el efecto de silueta, lo que si bien es muy difícil a lápiz, más complicado se vuelve en la litografía. Pero también el uso del claroscuro presenta nuevo interés en otras vistas de paisaje, en las que empleó las tonalidades correctas para alejar la incongruencia que convierte a los dibujos en imágenes sin unidad lumínica. Así, por ejemplo, en su lámina del *Interior de la Catedral de México,* del álbum *México y sus alrededores,* la unidad lumínica persiste en las luces y sombras de primeros y últimos términos, sin pasar por alto buscar el efecto de luz más escenográfico para realzar la solemnidad y monumentalidad de la catedral. En sus litografías mejor logradas, como la *Fuente del Salto del Agua,* el uso del claroscuro se robustece con los valores de luz y sombra unificados por un mismo ambiente, con lo que se demuestra que en la obra de Castro el concepto tonal forma parte de la vitalidad estética.

PERSPECTIVA

El valor reflexivo del dibujo de paisaje de Casimiro Castro se comprueba en la perspectiva. Si Castro pensaba serenamente sus dibujos, la aplicación de sus decisiones sobre el papel se operaba con firmeza a partir del riguroso trazo de la línea del horizonte y de los puntos de fuga. Emprendía el dibujo de paisaje guiado de manera certera por su conocimiento del escorzo, de modo que sus obras resultan de una unidad y congruencia visuales admirables. Con la perspectiva aportó singulares encuadres, ya que en todo momento veía en el dibujo una acción creadora, siendo, por tanto, un trabajo muy personal. Los dibujos que durante muchos años hizo de amplias panorámicas atestiguan la gran cantidad de ideas que el artista puso en movimiento para obtener diversos puntos de vista perspectivos.

Así, por ejemplo, en sus vistas aéreas trabajaba la perspectiva en diagonal para acentuar las calzadas y los caminos que buscan el horizonte y ampliar el campo visual. De ahí que ubicara en primer plano figuras que capturan el ojo del espectador, mientras los escorzos lejanos de pueblos, rancherías y lomeríos se confunden con los grises del horizonte, como de manera acertada se encuentra en una *Vista de Puebla desde el Cerro de San Juan*. En esta lámina la acción principal ocupa el primer término y casi el centro geométrico, lo que recuerda el clásico esquema de composición en perspectiva. Por su parte, en su dibujo *Bahía de Nápoles,* la arquitectura de la población y la vegetación no desmerecen su oficio de perspectivista para lograr el efecto de profundidad con una línea del horizonte muy alta. Situación parecida se encuentra en la vista del Vaticano desde la *Plaza y Basílica de San Pedro,* en la que detalló el obelisco, el cual marca el punto focal del que parten escorzos, con el ritmo apropiado de toda perspectiva, a un punto de fuga.

Generalmente, en sus perspectivas de amplios panoramas los espacios arbolados se convierten en fondos que destacan la luminosidad de edificios, o en elementos repartidos en toda la escena para dar escala y profundidad; espacios arbolados iluminados en forma oblicua para destacar sus planos de luz y sombra, ya que la luz cenital resulta dura, muy contrastada y tiende a aplanar el volumen del follaje. En su cromolitografía *Valle de México desde el Cerro de Chapultepec,* la luz oblicua no sólo acentúa el volumen de las zonas arboladas que rodean al castillo, sino que también clarifica la superposición de árboles presentados debido al encuadre perspectivo que combina varios puntos de fuga.

Conocidas son sus perspectivas aéreas, en las que el paisaje apoya su profundidad tanto en la acertada disminución progresiva de la nitidez visual y en la textura de los elementos, al aumentar la lejanía, como en el distanciamiento entre los primeros y últimos términos.

FIGURAS

Un motivo de orgullo en la obra de Casimiro Castro son las figuras que realzan su prestigio como dibujante. Figuras que provocan admiración por el trazo y detalle de los tipos urbanos y campesinos; las clases sociales baja, media y acaudalada representadas en sus diferentes oficios, trabajos y costumbres para conformar un testimonio de inapreciable valor documental. Estas figuras están lejos de la escala monumental para presentarse en una dimensión humana bajo los efectos lumínicos que, como se ha visto, conforman el sostén ambiental de la escena.

Castro dibujó la vestimenta del comerciante y del carbonero, del vendedor de legumbres y frutas, del pordiosero y de la gente miserable y abatida. Con un trazo que buscó el retrato del vestido, precisó el

Vendedores ambulantes. Lápiz sobre papel. Cat. 122

calzón ancho de manta o la frazada en el hombro en el atuendo del lépero. Con línea sinuosa y frotado delicado plasmó el vestido del artesano, del arriero y del albañil. Sin pasar por alto las luces para acentuar el interés plástico de la textura de las telas, dibujó las enaguas bordadas y el rebozo, detallando pliegues y alforzas.

La ubicación compositiva de sus figuras destaca el episodio principal en primer plano y reserva para el fondo los horizontes o la arquitectura, como sucede en sus dibujos de la *Fábrica de Piedra de Artificial Cárdenas y Cía.* También para resaltar sus figuras trabajó el escenario de fondo con menos detalle, a fin de no competir con el elaborado dibujo de rostros y vestimentas. Buscó que el valor tonal de aquél fuera distinto al de éstas, y así, logró el contraste lumínico necesario. También, sus figuras tienen como cualidad artística la relación entre el dibujo del vestido y la anatomía del cuerpo, por lo que puede concluirse que dominaba las proporciones y partes anatómicas

Fachada de "Fábrica de Piedra Artificial Cárdenas y Cía". Lápiz sobre papel. Cat. 171

Conejo. Lápiz sobre papel. Cat. 123

Hombre vaciando un cubo. Lápiz y acuarela sobre papel. Cat. 120

Enmarcamiento con figura alegórica. Lápiz y acuarela sobre papel. Cat. 196

Castro llevó a cabo el planteamiento compositivo en variadas dimensiones, desde los grandes dibujos hasta los pequeños apuntes. A veces, sin apartarse de una singular organización geométrica, pueden descubrirse el número armónico y los ejes compositivos que cruzan el formato para distribuir la escena. En muchos de sus dibujos predomina la composición centralizada, mas, también, una distribución apoyada en agrupaciones laterales para dar respiración al centro de la escena y acentuar la profundidad. Sus composiciones se equilibran con el peso óptico de las formas, con el arreglo de las áreas de luz y sombra, con la posición de las figuras, los animales, los vegetales, las rocas y la arquitectura y con el empleo del color. Asimismo, buscó una asimetría compositiva, que exige del espectador el desplazamiento de la vista para abarcar la comprensión de la escena.

El ritmo narrativo, lejos de la rigidez, se adentra en rasgos sensibles y muy libres. Por lo que toca a sus trabajos publicitarios, apelan a la buena composición y se afanan por lograr precisión y desenvoltura para expresar ideas y formas, como puede apreciarse en su cartón de la *Alegoría de la Exposición Universal de París en 1889.*

En sus láminas publicitarias y en sus paisajes a la acuarela, la composición se apoya, además, en la distribución del color, lógica secuela de un proceso de atento estudio. El pigmento se encuentra equilibrado en todo el dibujo, resultado de la estrecha interrelación con el propósito de obtener unidad cromática. Castro no usó colores puros sino atemperados entre sí, esto es, matizados, para ampliar la escala del pigmento y confirmar sus dotes colorísticas. En *México Independiente, Calendario de Víctor Debray para 1876* y *Teatro de la Paz (En San Luis Potosí)* la base cromática se concentra en los cálidos para los primeros términos y en los fríos destinados a los horizontes, cuya brillantez

en distintas posturas y escorzos. Conocía ampliamente el dibujo de animales y sus características anatómicas, vistas de ángulos diferentes, según los requisitos del encuadre perspectivo.

Asimismo, no es extraño que la agrupación de figuras fuera un tema grato para el artista por ser un reto a su habilidad con el lápiz. Castro dibujó personas reunidas, representando a los individuos en los primeros planos y realizando una verdadera síntesis formal de ellos en los últimos términos, como se aprecia en sus dibujos de la *Estación del Ferrocarril Central.* Además, es necesario señalar con atención que las figuras incorporadas a cartones publicitarios presentan una chispa de amenidad y el vestuario necesario para acrecentar el valor documental y anecdótico. Estas figuras fueron resultado de bocetos previos, hechos en papel calca (papel muy delgado) para encontrar la mejor postura.

Proyecto para una etiqueta de la "Fábrica de Rebozos y Sedas Manuel Bauche". Lápiz, tinta y acuarela sobre papel. Cat. 201

Alegoría de la Exposición Universal de París en 1889. Lápiz y acuarela sobre papel. Cat. 155

reproduce mejor el efecto de distancia y, así, se equilibra la composición de la escena.

En sus acuarelas, por motivos compositivos, no presentó juntos los colores primarios para evitar los fuertes contrastes, pero sí las combinaciones atentas a lograr efectos de acercamiento o alejamiento a partir de colores cálidos que aproximan las cosas y de los fríos que las distancian. Para los fondos de sus paisajes a la acuarela y para los cartones publicitarios, tales como *Vainilla Superior Mexicana, Fábrica de Rebozos y Sedas Manuel Bauche* y *Gran Almacén de Calzado La Elegancia,* prefirió los colores azules y verdosos o la mezcla de ambos. Y para las figuras y primeros términos, ocres y rojizos, a fin de dar la sensación de que se acercan al espectador, sin dejar de atender que el objetivo es lograr la armonía cromática lejos de la crudeza de los contrastes fuertes que pueden desequilibrar la composición.

Cabe destacar que con el pincel fino abordó los detalles; de esta manera evitó una expresión mecánica y dio paso al desarrollo de su sensibilidad artística. Así, plasmó los pormenores del follaje y modeló las pequeñas formas de la escena. Aplicó pinceladas finas, que acompañó con el pincel grueso, para los fondos, y grandes planos para los celajes y las superficies, buscando tratamientos y variedad con la cantidad de pigmento que usaba.

UTILIDAD ESTÉTICA DEL BOCETO

Casimiro Castro dejó infinidad de bocetos que formaron parte de dibujos terminados, es decir, láminas finales. Una vez elegido el tema que iba a representar, bosquejaba un planteamiento compositivo que pudiera contener bocetos elaborados con anterioridad; composición realizada en hojas de papel que revisaba las ocasiones necesarias hasta elegir la más acertada, ya que debía analizar varias ideas para evitar la posibilidad de cometer desaciertos en el momento de dibujar.

De esta manera incorporaba bocetos en sus composiciones sin ninguna dificultad, por la flexibilidad del esquema compositivo que no surgía de principios rígidos.

Si el motivo del dibujo era un paisaje natural, el artista lo engalanaba lo necesario con bocetos tomados en la misma región para acentuar su aspecto agradable. De este modo buscaba con entusiasmo e imaginación destacar el paisaje como si fuese el principal atractivo; un orgullo de la naturaleza. Sus dibujos de paisaje requerían bocetos previos elaborados con la convicción de alcanzar imágenes gratas.

Cabe recordar que para perfeccionar los dibujos del natural, basándose en bocetos, se debía dibujar mucho para aprender los criterios estéticos que transformaban los paisajes representados en lugares dignos de ser admirados; criterios en los que la imaginación se animaba y aspiraba convertir pueblos y ambientes naturales en centros de interés. Mas también, dibujar o pintar, teniendo en mente mejorar la realidad, exigía seleccionar los elementos para lograr una obra de calidad. Castro tenía presente que los criterios estéticos se deben combinar en su debido lugar, sobre el lienzo o el papel, para alejarse de la simple realidad. Toda alteración, mediante la incorporación de bocetos, estaba en función de mejoras estéticas para representar lugares más interesantes gracias a un trabajo de embellecimiento que los convertía en parajes que debían encantar al mirarlos.

EL BOCETO COMO ELEMENTO DE ESTUDIO

Para sus litografías de la Villa de Guadalupe, pertenecientes al álbum *México y sus alrededores,* realizó bocetos a lápiz a fin de analizar distintos ángulos de este sitio tradicional, como son la *Vela del Cerro del Tepeyac,* el *Valle de México con el cerro del Tepeyac* y el *Valle de México desde la Villa;* bocetos que le sirvieron para ir

Valle de México con el Cerro del Tepeyac en primer plano. Lápiz sobre papel. Cat. 36

Camino de Tacubaya a Chapultepec. Lápiz sobre papel. Cat. 25

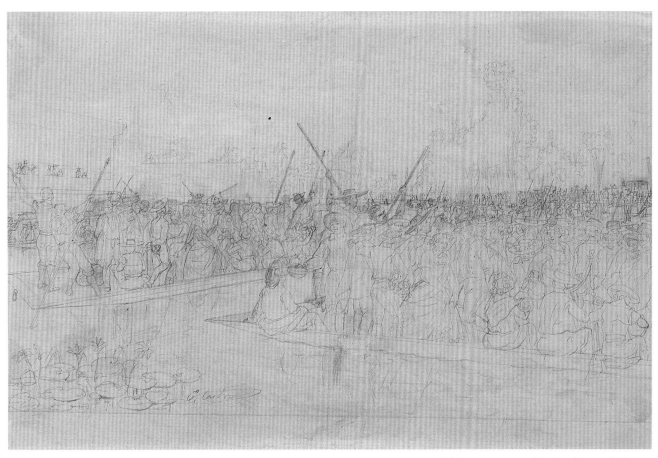

Trajineras en un canal. Lápiz sobre papel. Cat. 46

Paseo de La Viga con el monumento a Cuauhtémoc. Lápiz sobre papel. Cat. 40

Fachada de la sombrerería "Zolly Hermanos". Lápiz sobre papel. Cat. 166

conformando composiciones acertadas de este paisaje concebidas como una armonía de partes autónomas, con claridad de representación plástica y en donde la luz está de modo absoluto al servicio de la escena. En el *Valle de México con el cerro del Tepeyac* se destaca en primer plano la sombra de este cerro, que cae sobre la población de la Villa; sombra resuelta técnicamente al engrisar el papel antes de dibujar detalles. Para su litografía *Camino de Tacubaya a Chapultepec,* perteneciente al mismo álbum, realizó dibujos de dicha calzada, en los que sobresalen las líneas que marcan en la superficie del papel la silueta de los volúmenes, los sentidos direccionales, así como las proporciones que caracterizan a los elementos del paisaje. El con-

traste tonal de este dibujo lo solucionó al detallar arbustos en el primer plano y teniendo de fondo al bosque, además de resaltar el follaje de los árboles al dibujarlos sobre el límpido cielo. Asimismo, no presentó mucha vegetación para dejar espacio suficiente a las figuras que equilibran la composición.

Parece que Castro plasmaba las cosas en el boceto como si quisiera palpar sus bordes. Las figuras que se encuentran en sus láminas del *Paseo de la Viga* son firmes y precisas, a pesar de la soltura del trazo; formas permanentes, limitadas, definidas, tanto por lo que son en sí mismas como por su conexión con las demás, y en las que se encuentra resuelta la dificultad de presentar numerosos grupos de figuras. También se destacan equi-

Calzada en el Bosque de Chapultepec. Lápiz sobre papel. Cat. 24

Platanero. Lápiz y acuarela sobre papel. Cat. 128

Tanque de agua. Lápiz sobre papel. Cat. 70

librio y variedad en sus bocetos de *Trajineras en un canal, Paseo de la Viga con el monumento a Cuauhtémoc,* así como en sus dibujos de *Trajineras en el Canal de la Viga,* en los que es notorio el predominio de la línea sobre lo pictórico. En ellos, el artista, con mirada táctil, atendió la forma de los objetos y su ordenación compositiva, y su vista aisló y perfiló los elementos.

Cabe destacar que Castro estudió en el boceto la visión del espacio como conjunto de planos yuxtapuestos, cada uno de los cuales integrado por diversos objetos, y pudo ensayar efectos técnicos para llevarlos a la litografía. Para su vista de la *Glorieta del Bosque de Chapultepec,* del álbum *México y sus alrededores,* se conoce un boceto muy desenvuelto, que capta el abigarra-

do follaje a través de trazos que siguen el movimiento de hojas y ramas. Como fue su costumbre, incorporó las figuras después de haber realizado el paisaje. El estudio prolongado del encuadre en sus litografías de la *Plaza de San Jacinto, Glorieta central de la Alameda de México* y *Tipos mexicanos* dio por resultado dibujos a lápiz necesarios para ensayar efectos tonales que llevaría a la litografía. De estos últimos se destaca la vista de la Alameda con el follaje superpuesto en el escorzo pero, a la vez, distinguible en cada una de las copas de los árboles que conforman el primer plano. El mobiliario ornamental lo trazó con regla y escuadra.

Para ambientar las vistas urbanas, primero llevó a cabo bocetos de estudio de los edificios en particular,

Veracruz, vista hacia tierra, 1872. Lápiz sobre papel. Cat. 103

Puente de Paso del Macho. Lápiz sobre papel. Cat. 67

Orizaba tomada desde Cocolapan, 1874. Lápiz sobre papel. Cat. 98

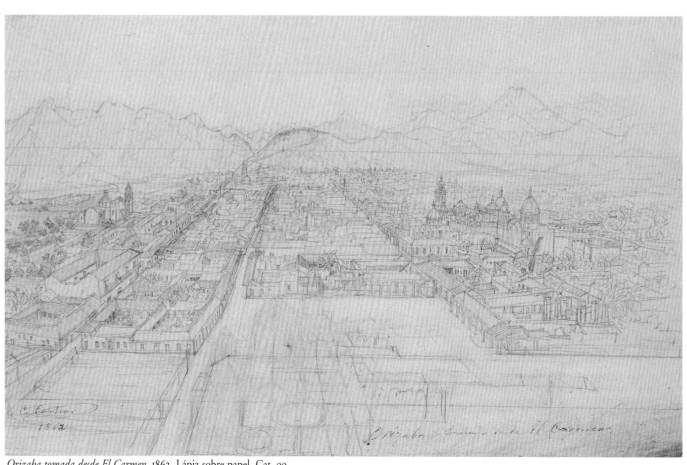

Orizaba tomada desde El Carmen, 1862. Lápiz sobre papel. Cat. 99

Puebla. Lápiz sobre papel. Cat. 92

para luego incorporar apuntes de figuras hechos en papel calca, como puede apreciarse en el dibujo de la *Sombrerería Zolly Hermanos Bosovejo.* En la acuarela del *Bosque y lago de Chapultepec* incorporó los calcos de figuras de paseantes, en los que demuestra nuevamente la utilidad del boceto.

En el *Álbum del Ferrocarril Mexicano* se encuentran bocetos a lápiz de gran calidad, destinados al estudio de lugares que serían representados en cromolitografías. Castro incorporó en la lámina introductoria el dibujo de un *Platanero* y el de un *Tanque de agua* elaborados previamente. Para la de *Veracruz* realizó estudios, en los que por medio del lápiz y de un trazo preciso a regla y escuadra, determinó el centro geo-

métrico del encuadre y el punto de fuga central. De igual forma se conservan los bocetos a lápiz que sirvieron para la máquina de vapor de la cromolitografía *Puente de la Soledad* y el *Puente de Paso del Macho.*

Tres dibujos de estudio: *Orizaba tomada desde El Carmen, Orizaba tomada desde Cocolapan* y *Orizaba* fueron trabajos preliminares para su cromolitografía de esta ciudad veracruzana, también del *Álbum del Ferrocarril Mexicano.* En los dos primeros pueden apreciarse el trazo de la línea del horizonte y el punto de fuga central que acentúan la profundidad de las vistas. De su lámina *Panorama de Puebla* se conservan varios bocetos a lápiz con distintas vistas de la ciudad, como son *Panorama de Puebla, Vista de Puebla, Iglesias y edificios*

Puebla, 1863. Lápiz sobre papel. Cat. 84

Iglesias poblanas. Lápiz sobre papel. Cat. 88

de Puebla, Iglesias poblanas, Puebla: Barrio de Santiago, Puebla vista desde la troje del Carmen y Puebla.

Entre su quehacer compositivo destinado a las litografías, Castro desarrolló el boceto preliminar a la acuarela, que si bien no deja de ser un estudio, se trata de un trabajo terminado con todo acierto técnico. Su acuarela de *Tacubaya,* en la que aprovecha la calidad o textura del papel para lavar el color y representar la superficie terrosa del suelo, es un análisis previo para su litografía *La Villa de Tacubaya,* del álbum *México y sus alrededores.*

La acuarela de la *Estación de la Soledad* es un trabajo preliminar para la cromolitografía del mismo título; acuarela en la que puede observarse la preocupación colorista y la acertada perspectiva, que enfatiza los elementos verticales de la escena, como postes y columnas de la construcción, cuya posición en el escorzo se encuentra en proporción directa con el incremento de la distancia. Situación similar se presenta en las acuarelas de *La Peñuela* y de *Túnel No. 10 Infiernillo,* en las que el color respeta los trazos del lápiz en la medida que establecen planos básicos cromáticos en luz y sombra. De *Infiernillo* se conserva un estudio a lápiz del *Puente y detalles del Túnel No. 10* y para *La Bota* realizó un análisis previo a la acuarela, desarrollando un plantemaiento tonal cuyo valor radica en establecer efectos de luz y sombra sin ocultar el trazo del lápiz. Este mismo objetivo se encuentra en la acuarela del *Lago de Texcoco,* realizada para su cromolitografía del *Valle de México visto desde el cerro del Risco.*

CONCLUSIÓN

El dibujo de Casimiro Castro surgió del estímulo que le ofreció la observación de la realidad de su tiempo, pues siempre alimentó un constante asombro por los acontecimientos urbanos, los paisajes naturales, los grupos humanos y las descripciones botánicas. Pero también reflejó una singular personalidad artística fundamentada en el conocimiento de los diversos medios de representación. Castro plasmó aciertos técnicos que, a lo largo de su producción, quedaron confirmados por su valor estético; aciertos basados en el trazo, la escala tonal y la composición ligados entre sí para actuar siempre juntos.

En su obra es patente un dibujo que implicó una elaboración minuciosa y depurada. Cabe destacar su vigorosa tendencia a profundizar en el saber técnico, que lo hizo obstinado enemigo del resultado mediocre y lo llevó a expresar afición por los escorzos difíciles, apoyados en planteamientos perspectivos rigurosos, por los audaces efectos de luz, penumbra, sombra y luz refleja, así como por las composiciones complicadas, atentas al estudioso equilibrio de las formas y la distribución narrativa. Composiciones basadas en criterios que diluyen toda rigidez, para lograr una visión dinámica, que halla su centro de interés en episodios, pueblos o paisajes singulares.

A fuerza de tiempo y cuidadosa práctica, plasmó en su dibujo con gran calidad su confianza por el encuadre compositivo equilibrado, en el que figuras y paisajes se integran con precisión para constituir un sostén eficaz de la escena.

El boceto tuvo una especial significación en la producción artística de Castro, ya que con él mezcló, combinó, analizó y equilibró las ideas que llevaría a dibujos terminados, caracterizados por su valiosa calidad estética, sin concesión en los detalles y admirable ejecución con mano segura. Además, afirmó la importancia definitiva de la escala tonal por ser clave para la apariencia volumétrica y la calidad lumínica.

En su afán por saber acerca del dibujo a lápiz, a la acuarela y a la tinta, de la litografía y la cromolitografía, estudió numerosas obras en estas técnicas realizadas por artistas reconocidos; una preocupación que tuvo desde su juventud. Pero también, esta ávida atención por el estudio fue el deseo patente de mejorar lo hecho por otros artistas del pasado y de su tiempo. Esta entrega a la práctica del dibujo y al conocimiento de las técnicas de impresión llegó a convertirse en resuelta voluntad de creación, lo que resultó en una afirmación de su propia personalidad.

Puede concluirse que el dibujo de Casimiro Castro es testimonio de inteligencia visual, voluntad tenaz, habilidad técnica y gran observación. Su producción demuestra una constante disposición para convertir su dibujo en fecunda manifestación artística, que se explica —en parte— por el entusiasmo con que afrontó cada trabajo nuevo y cada problema creativo.

En fin, el dibujo de Castro se destacó en una época en la cual abundaron los talentos artísticos, sobresaliendo como un notable dibujante que abarcó temas variados. Su manera técnica de trabajar, el talento para solucionar el dibujo del natural, su profundidad en la concepción estética y su costumbre de buscar calidad expresiva fueron características que lo distinguieron a lo largo de su obra, otorgándole un sitio muy destacado en el arte decimonónico de México.

El Barrio de Santiago, Puebla, 1863. Lápiz sobre papel. Cat. 89

El Valle de México desde Chapultepec. Cromolitografía. Cat. 2

NOTAS

* Dato recién encontrado por el señor Ricardo Pérez Escamilla.

[1] José Bravo Ugarte, *Historia de México*, tomo III, vol. I. México: Editorial Jus, 1962, p. 112.

[2] Guillermo Prieto, *Memorias de mis tiempos*, México: Editorial Patria, 1969, p. 25.

[3] Ibídem, p. 21.

[4] Francisco de Paula Arrangoiz, *México desde 1808 hasta 1867*, México: Editorial Porrua, 1968, p. 351.

[5] Ibídem, p. 32.

[6] Ibídem, p. 36.

[7] Fernando Benítez, *Historia de la ciudad de México*, México: Editorial Salvat, 1984, vol. VI, p. 8.

[8] Guillermo Prieto, *op. cit.*, p. 84.

[9] Fernando Benítez, *op. cit.*, p. 8.

[10] Guillermo Prieto, *op. cit.*, p. 8.

[11] Guillermo Prieto, *op. cit.*, p. 77.

[12] Carlos Monsiváis, "Introducción" al volumen II de Guillermo Prieto, *Obras Completas*, México: Conaculta, 1993, p. 20.

[13] Georges Weill, *Orígenes, evolución y función de la prensa periódica*, México: UTEHA, 1962, p. 146.

[14] *Tiempo de México* (octubre 1854–abril 1858), núm. 13, México: Secretaría de Educación Pública, 30/VIII/82.

[15] *México y sus alrededores. Colección de monumentos, trajes y paisajes dibujados al natural y litografiados.* (México: Establecimiento litográfico de Decaen editor, 1855-1856) Edición facsimilar: México: Editorial Valle de México, 1972.

[16] *Tiempo de México* (octubre de 1854-abril de 1858), núm. 13, México: SEP, 30/VIII/82.

[17] *Enciclopedia de México*, México: 1978, vol VII: 1061.

[18] *Tiempo de México* (junio de 1861-mayo de 1879), núm. 15, México: SEP, 13/IX/82.

[19] Patricia Galeana, *Monarquía o república*, tomo VII de *México y su historia*, México: UTEHA, 1984, p. 984.

[20] Josefina Vázquez, *et. al.*, *Historia de México*, México: Editorial Trillas, 1994, p. 117.

[21] *Tiempo de México* (enero de 1864-julio de 1867), núm., 16, México SEP, 20/IX/82.

[22] Patricia Galeana, *op. cit.*, p. 984.

[23] *Tiempo de México* (enero de 1864-julio de 1867), núm. 16, México, SEP, 20/IX/82.

[24] *Panoramic Maps of Cities in the U. S. and Canada,* Washington, D.C.: The Library of Congress, Geography and Map Division, 1974, p. 3.

[25] *Loc. cit.*

[26] *Tiempo de México* (agosto de 1867-julio de 1872), núm. 17, México: SEP, 27/IX/82.

[27] John H. Coatsworth, *El impacto económico de los ferrocarriles en el Porfiriato,* México: Era, 1984, p. 34.

[28] *Tiempo de México* (noviembre de 1876-diciembre de 1880), núm. 19, México: SEP, 11/X/82.

[29] "Cuadro de costumbres", en Guillermo Prieto, *Obras completas,* col. II, p. 32.

[30] Véase *Enciclopedia de México*, vol. II, México, pp. 842-843.

[31] *Tiempo de México* (diciembre de 1880-noviembre de 1884), núm. 20, México: SEP, 18/X/82.

[32] Ibídem.

[33] En Casimiro Castro *et. al., México y sus alrededores,* s/p.

BIBLIOGRAFÍA

Appendini, Guadalupe, *La vida en México en 1840,* México: Colección Popular, Departamento del Distrito Federal, 1974, núm. 14.

——, *La vida en México en 1841,* México: Colección Popular, DDF, núm. 15.

Avilés, René, *Los hombres de la Reforma y la ciudad de México,* México: Colección Popular, DDF, núm. 10.

Bravo Ugarte, José, *Historia de México,* tomo III, vol. I, México: Editorial Jus, 1962.

Benítez, Fernando, *Historia de la ciudad de México,* vol. VI, México: Salvat Editores, 1984.

Casimiro Castro *et. al., México y sus alrededores. Colección de monumentos, trajes y paisajes dibujados al natural y litografiados,* (México: Establecimiento Litográfico de Decaen, Editor, 1855-1856); edición facsimilar, México: Editorial Valle de México, 1972.

Coatsworth, John H., *El impacto económico de los ferrocarriles en el Porfiriato,* México, Era, 1984.

Costeloe, Michael P., *La primera república federal de México (1824-1835). Un estudio de los partidos políticos en el México independiente,* México: Fondo de Cultura Económica, 1975.

Enciclopedia de México, dirigida por José R. Álvarez, México: Enciclopedia de México, 1978, vol. VIII.

Frías y Soto, Hilarión *et. al., Los mexicanos pintados por sí mismos,* México: Librería Manuel Porrúa, S.A., s/f (reproducción facsimilar de la edición de 1855).

Galeana, Patricia, *Monarquía o república,* tomo VII de *México y su historia,* México: UTEHA, 1984.

Hernández Franyuti, Regina (compiladora), *La ciudad de México en la primera mitad del siglo XIX,* tomo I, México: Instituto de Investigaciones Dr. José María Luis Mora, 1994.

León de la Barra, Eduardo, *Los de arriba,* México: Editorial Diana, 1979.

List Arzubide, Germán, *La vida civil en México por Gabriel de Ferry* (seudónimo de Luis de Bellemare), México: Colección Popular, DDF, núm. 23.

Lyon, G.F., *Residencia en México, 1826. Diario de una gira con estancia en la República de México,* México: FCE, 1984 (primera edición en inglés publicada en Londres en 1828).

Panoramic Maps of Cities in the U. S. and Canada, Washington, D.C.: The Library of Congress, Geography and Maps Division, 1974.

Prieto, Guillermo (Fidel), *Cuadros de costumbres,* 2 vols., en *Obras completas de Guillermo Prieto,* vols. II y III, México: Conaculta, 1993.

——, *Memorias de mis tiempos,* México: Editorial Patria, quinta edición, 1969.

Sosa, Francisco, *Biografías de mexicanos distinguidos,* México: Editorial Porrúa, colección "Sepan Cuantos…", núm. 172, 1985.

Tiempo de México. Primera época (de octubre de 1807 a junio de 1911), México: Secretaría de Educación Pública, 1984 (primera edición 1982).

Weill, Georges, *Orígenes, evolución y función de la prensa periódica,* México: UTEHA, 1962.

CASIMIRO CASTRO. POR LOS FRUTOS CONOCES EL ÁRBOL, A MÉXICO POR SUS ARTISTAS

Ricardo Pérez Escamilla

NOTAS

[1] *México y sus alrededores. Colección de monumentos, trajes y paisajes dibujados al natural y litografiados por los artistas mexicanos C. Castro, J. Campillo, L. Auda y G. Rodríguez.* Bajo la dirección de Decaen. Establecimiento litográfico de Decaen, Editor, Portal del Coliseo Viejo. México, 1855-1956.

[2] *Álbum del Ferrocarril Mexicano. Colección de vistas pintadas del natural por Casimiro Castro.* Publicado de cromolitografía por Víctor Debray y Cía. Editores, México, 1877.

[3] *Casimiro Castro. Óleos y litografías.* México. Programa Cultural de la XIX Olimpiada, exposición del 19 de marzo al 20 de mayo de 1968. Palacio de Bellas Artes. Instituto Nacional de Bellas Artes

[4] Contrariamente a lo que sugiere el título de esa exposición, Casimiro Castro nunca pinto óleos, sino que realizó dibujos acuarelados paralelamente a su producción gráfica.

[5] José Ramón Pacheco, *Descripción de la Solemnidad Fúnebre con que se honraron las cenizas del héroe de Iguala don Agustín de Iturbide, en octubre de 1838.* Publicada por disposición del Exmo. Sr. Presidente General D. José Joaquín Heredia, Imprenta de Ignacio Cumplido, México, 1849.

[6] Edouard Rivière, *Antonino y Anita* o *Los nuevos misterios de México,* Imp. de J. R. Navarro, México, 1851.

[7] *La Ilustración Mexicana,* 4 tomos, Publicada por I. Cumplido, Imprenta litográfica de Decaen y de I. Cumplido, México, 1851.

[8] Juan Bautista Morales. *El Gallo Pitagórico,* Imprenta litográfica de Cumplido. México, 1845.

[9] Sartorius C., *Mexico und die Mexicaner,* Verlag von Gustav Georg Lange, Darmstadt, 1859.

[10] Sartorius C., *México y los Mexicanos,* con 18 ilustraciones por M. Rugendas. Versión. selección y notas de Marita Martínez del Río de Redo. Prefacio de Edmundo O'Gorman. San Ángel Ediciones, México, 1975. La ilustración mencionada fue tomada de la versión alemana de 1859, ubicada entre las páginas 204 y 205, la cual trae, a su vez, la traducción de la obra al español. La ilustración 17 mencionada en la investigación se halla en la versión al español, acompañada de su comentario en las páginas 49-51 del mismo libro *México y los mexicanos.*

[11] Claudio Linati, *Trajes civiles, militares y religiosos de México,* Bruselas, 1828. Nota introductoria de Porfirio Martínez Peñaloza, traducción de Luz María Porrúa y Andrés Henestrosa, Porrúa editor, México, 1979.

[12] *Colección de Antigüedades Mexicanas que existen en el Museo Nacional y dan a luz Isidro Icaza e Isidro Gondra,* dibuja y litografía Waldeck e imprime Pierre Robert en 1827 en la prensa litográfica que dejó Linati en México tras su deportación.

[13] Carlos Nebel, *Viaje pintoresco y arqueológico por la República Mexicana 1829-1834,* París y México, 1840. Observaciones de Alejandro de Humboldt, prólogo de Justino Fernández, Manuel Porrúa, S.A., Librería, México, 1963.

[14] *Mexico Illustrated, with descriptive Letter-press in English and Spanish,* Published by E. Atchley, Library of Fine Arts, 106, Great Russell Street, Bedford Square, Londres, 1848.

[15] Datos de John Phillips tomados de Roberto L. Mayer, "¿Quiénes fueron John Phillips y Alfred Rider?", en el catálogo *México ilustrado, Mapas, planos, grabados e ilustraciones de los siglos XVI al XIX,* Palacio de Iturbide, abril-junio de 1994, Fomento Cultural Banamex, A.C., México, 1994.

[16] *Egerton en México 1830-1840,* Edición privada de Cartón y Papel de México, S.A., México, 1976, prólogo de Martin Kiek. *Op. cit.,* Rugendas, *Imágenes de México,* p. 11.

[17] Romero de Terreros M., *El Barón Gros y sus vistas de México,* Imprenta Universitaria, México, 1953.

[18] John Lloyd Stephens, *Incidentes de viaje en Centroamérica, Chiapas y Yucatán,* dibujos de Frederick Catherwood, Nueva York, 1843.

[*] Dato tomado de Juan N. del Valle, *El viajero en Mexico, La capital de la República encerrada en un libro.* Tipografía de M. Castro, Escalerillas núm. 7, México, 1859.

[19] *Cimientos del artista, dibujante y pintor. Las veintiocho láminas explicativas del compendio de perspectiva lineal, y dedicado a la Academia Imperial de Nobles Artes de San Carlos, por el profesor de pintura de paisaje y de perspectiva Eugenio Landesio de Turino, Puestas en litografía por sus discípulos Luis Coto, José M. Velasco y Gregorio Dumaine,* México, 1866.

[20] Covarrubias Díaz F., *Tratado elemental de Topografía, Geodesia y Astronomía Práctica,* t. 1, 3ª edición, México, 1896, p. 71, f. 23.

[21] Brisson, *Suplemento al diccionario universal de física,* t. X, Madrid, en la Imprenta Real, 1802, lám. 47, f. 2

[22] *Enciclopedia de México.* Vol. 1, Instituto de la Enciclopedia de México, México, 1966, p. 402.

[23] *México y sus alrededores,* Edición Centenaria, reproducción facsimilar de Microprotecsa, México, 1961. Cita transcrita de Manuel Payno, p. 12.

[24] Hernández Manuel de J., *Los inicios de la fotografía en México: 1839-1850,* Editorial Hersa, S.A., México, 1989, pp. 24-27.

[25] Desde 1838 se publican artículos sobre la cámara oscura simple y su respectivo desarrollo. "Cámara oscura y cámara lúcida", *El instructor o Repertorio de Historia, Bellas Artes y Artes,* T.V., núm. 59, noviembre de 1838, pp. 348-350; "La cámara oscura simple", Ibid., T.V., núm. 60, diciembre de 1838, pp. 371-373; "Heliografía o daguerrotipo", Ibid., T. VII, núm. 73, enero de 1840, pp. 7-13.

[26] *Op. cit.,* Hernández, *Inicios de la fotografía,* p. 79.

[27] "Daguerrotipo", *Almacén Universal,* Artículos de Historia, Geografía, Viajes, Literatura y Variedades, t. 1, México, 27 de marzo de 1840, pp. 4-9.

[28] Antochiw M., *Mérida y su gente antes de la fotografía,* Comunicación y Ediciones Tlacuilo, México, 1992, pp. 19-20.

[29] Torre Villar de la E., *La arquitectura y sus libros.* Guía bibliográfica para la historia y el desarrollo de la arquitectura y el urbanismo en México. Coordinación de Humanidades y el Instituto de Investigaciones Bibliográficas, UNAM, México, 1978.

[30] Carlos Nebel, *Viaje Pintoresco y arqueológico por la República Mexicana 1829-1834,* París y México, 1840. Editado por Manuel Porrúa, S.A., Librería. México, 1963. Observaciones de Alejandro de Humboldt, prólogo de Justino Fernández, p. IX.

[31] Ibíd., p. IX e ilustracion núm. 4.

[32] *Op. cit., México y sus alrededores,* p. 12.

[33] Pedro Gualdi, *Monumentos arquitectónicos y perspectivas de la ciudad de México,* 1841, Editorial del Valle de México, S.A., México, 1972.

[34] Édouard Seler, en Oswaldo Gonçalves de Lima. *El maguey y el pulque en los códices mexicanos,* FCE, México, 1956, p. 149.

[35] George C. Vaillant. autor de *Les Aztèques de Mexique* (Payot, París, 1951), citado en ibíd., p. 144.

[36] Anónimo, *La Villa de Guadalupe en el siglo XVIII*, óleo sobre tela, siglo XVIII, colección particular. Madrid. Reproducida en: Francisco de la Maza. Xavier Moyssen *et. al., Cuarenta siglos de plástica mexicana. Arte colonial.* Editorial Herrero, S.A., México, 1970, p. 207.

[37] Manuel Romero de Terreros, *La Plaza Mayor de México en el siglo XVIII*, Instituto de Investigaciones Estéticas. UNAM, México, 1946.

[38] Remi Siméon, *Diccionario de la lengua náhuatl*, Siglo XXI, México, 1977.

[39] Juan de Dios Arias, Hilarión Frías y Soto, Ignacio Ramírez, Pantaleón Tovar y Niceto de Zamacois, *Los mexicanos pintados por sí mismos*, litografía de M. Murguía y Cía. México, 1853-1855. Publicado por entregas.

[40] Antonio García Cubas. *Atlas Geográfico, Estad.... e Histórico de la República Mexicana*, imprenta de José Mariano Fernández de Lara, imprenta litográfica de H. Iriarte, H. Salazar y Decaen, México, 1858.

Agradecimientos: Sylvia Navarrete, Laura Corona, Laura Levinson, Padre José de Jesús Aguilar García, Archivo Parroquial de Santa María Magdalena Tepetlaoxtoc, Raúl Ramírez Cueto.

SIGNOS DE MODERNIZACIÓN EN LA OBRA DE CASIMIRO CASTRO. Fausto Ramírez

NOTAS

[1] Beatrice Farwell propuso esta idea de una "explosión de los medios", en el catálogo de la exposición *The Cult of Images. Baudelaire and the 19th Century Media Explosion*, University of California, Santa Barbara, abril-mayo de 1977. La han recogido y desarrollado ulteriormente otros investigadores, por ejemplo, Gerald Needham (*19th Century Realist Art*, Icon Editions, Harper & Row, New York, 1988) y Patricia Anderson (*The Printed Image and the Transformation of Popular Culture. 1790-1860*, Clarendon Press, Oxford, 1994).

[2] *Antonino y Anita, o los nuevos misterios de México.* Novela religiosa y moral, escrita en francés en esta capital por É. Rivière, e ilustrada por él mismo con hermosos dibujos. Traducida al castellano por don Carlos H. Serán. Navarro y Decaen, Editores. México, Imprenta de Juan R. Navarro, Calle de Chiquis núm. 6, 1851. T. I, pp. 85-86. Cito por la edición facsimilar que publicó *Artes de México*, año XX, núm. 168, "Biblioteca Mexicana del siglo XIX", con un estudio de Francisco de la Maza, sin paginación.

[3] En las reproducciones litográficas de catedrales, santuarios y casas sobresalientes de las principales ciudades de la república que publicaron revistas como *El museo mexicano, El mosaico mexicano y La ilustración mexicana*, suele prevalecer la vista frontal del monumento arquitectónico, captado en su plena grandiosidad y macicez, con escaso o nulo interés en rodearlo de una atmósfera o en avivar la imagen mediante la incorporación de algún episodio. El propósito dominante de esta serie de estampas parece haber sido dejar registro de las construcciones notables del país, junto con los retratos de escritores destacados y las imágenes de plantas y cultivos característicos, para ir formando una suerte de inventario visual de los valores nacionales y divulgarlos entre propios y extraños.

Aun los *Monumentos de Méjico*, "tomados del natural y litografiados por Pedro Gualdi, pintor de perspectiva", que los editores Massé y Decaen publicaron por entregas en 1841 para ser coleccionadas en forma de álbum, pese a evidenciar un dominio mayor de los variados recursos perspécticos y una sensibilidad superior para evocar el entorno urbano y la variopinta presencia de sus pobladores, denotan una similar concepción de la ciudad como una suma de monumentos, a los que se subordinan absolutamente las figuras diminutas y envaradas.

[4] No es casual que el texto del álbum aparezca en edición bilingüe, en castellano y en francés, y que incluya, al lado de los escritos originales, otros especialmente redactados para la nueva edición. Entre éstos cabe señalar tres, firmados en 1864, con sus correspondientes láminas: Veracruz, Orizaba y Puebla. Tengo para mí que tales sitios cobraron una relevancia singular con motivo de la llegada de Maximiliano a México: Veracruz, por ser puerto obligado de entrada, y esto pese al frío y decepcionante recibimiento que allí se dio a los emperadores. Orizaba, en cambio, se volcó con entusiasmo para darles la bienvenida y allí pasaron ambos muy buenos momentos. La lámina relativa a Puebla presenta un ulterior y muy significativo problema de censura (o más bien de autocensura). Para la edición de 1864, Castro grabó una vista de la ciudad, tomada desde el cerro de San Juan, donde se aludía con claridad a la toma de Puebla por el ejército intervencionista en 1863: el triunfo francés, que parecía dejar empañada la gloriosa victoria mexicana obtenida el 5 de mayo del año anterior. Por obvias razones, esta imagen fue eliminada de las ediciones de *México y sus alrededores* posteriores a la caída del imperio, y se la sustituyó por la muy conocida vista de la *Estación de Puebla. Inauguración del camino de fierro por el C. Presidente B. Juárez, el 16 de setiembre 1869*" [sic].

Por otra parte, en la segunda edición figura *Un asalto de ladrones a la diligencia*, texto escrito en 1860 por Florencio M. del Castillo, y su correspondiente estampa, litografiada por Castro sobre un cuadro de Manuel Serrano, donde se alude a un problema endémico en los caminos mexicanos de la época. Estos asaltos adquirieron sensacional resonancia durante el Segundo Imperio con el que sufriera la diligencia que se dirigía de la capital a Veracruz, el 4 de marzo de 1866, y en el que perdió la vida el Barón d'Huart, y fue herido el general Foury, enviados del rey Leopoldo 1º de Bélgica, padre de la emperatriz Carlota. Con todo, no hay evidencia de que esta incorporación al álbum se relacione con aquel hecho, muy tardío; y, por supuesto, su iconografía nada tiene que ver con éste.

[5] Le debo esta idea a mi colega y amiga Esther Acevedo, que está por concluir un extenso trabajo sobre las políticas culturales de Maximiliano. También, gracias a ella, me enteré de la noticia del deceso de José Decaen, aparecida en la prensa (*El mexicano*) el 18 de noviembre de 1866.

[6] Tomo la cita de la utilísima *Colección de las efemérides publicadas en el Calendario del más antiguo Galván, desde su fundación hasta el 30 de junio de 1950*, México, Antigua Librería de Murguía, S.A., 1950, pp. 96-97.

[7] José Iturriaga es de la opinión que Castro trazó el panorama de la Plaza Mayor desde la azotea del convento de Capuchinas. Ver "Prefacio" a la edición facsimilar de la segunda edición de *México y sus alrededores*, Inversora Bursátil, S.A. de C.V./Sanborns Hermanos, S.A./Seguros de México, S.A., México, 1989, pág. IX. Me asalta la duda de si aquel convento llegaba hasta la esquina que caía a la plaza.

Otras dos secciones de la piedra aquí comentada fueron reelaboradas para esta segunda versión. Una corresponde al jardín de la Plaza Mayor, ahora arbolado y engalanado por cuatro fuentes y por una gran glorieta en torno al *zócalo* del inconcluso monumento a la Independencia, cuya edificación se había propuesto continuar Maximiliano, encargándose Carlota de colocar la primera piedra el 16 de septiembre de 1864. La otra se refiere a las calles circundantes de la plaza, en donde el desfile de tropas antaño desplegadas, ha quedado reducido al mínimo.

[8] El nuevo alumbrado fue contratado, en tiempos del presidente Ignacio

Comonfort, con el empresario Gabor Napheggy, quien estableció una fábrica de gas a inmediaciones del Paseo de Bucareli. "A principios de 1858 [es decir, pocos años después de haber salido la primera edición de *México y sus alrededores*] se encendieron las primeras luces de gas en algunos puntos de las calles Plateros y S. Francisco"; pero "fue sólo por vía de prueba y con resultados negativos". Aunque durante el Segundo Imperio se otorgaron nuevas concesiones, una de ellas a Guillermo Lloyd, fue sólo hasta el 26 de julio de 1869 cuando "comenzaron a arder las primeras luces de gas en toda la calle de Plateros y S. Francisco hasta la Plazuela de Guardiola, y en 1872 se inauguraron solemnemente en la Alameda... Y los cuatro candelabros de bronce que por mucho tiempo decoraron los ángulos de la Plaza de la Constitución o Zócalo, se pusieron en 1876." (Artículo "Gas, Alumbrado de", en *Diccionario Porrúa de historia, biografía y geografía de México*, Editorial Porrúa, 1964, pág. 600).

[9] Las "clases peligrosas" no figuran a menudo en la obra de Casimiro Castro. La aprehensión de este pobre ratero o infractor del orden burgués es el caso más claro al respecto. (Sobre el discurso jurídico dominante acerca de las "clases peligrosas" véase *El diablo de Semana Santa. El discurso público y el orden social en la ciudad de México en 1850*, de Salvador Rueda Smithers. Instituto Nacional de Antropología e Historia, Colección Divulgación, 1991).

Con todo, hay que hacer hincapié en que muchas de las connotaciones socioespaciales de los sitios representados por el artista se fueron alterando o perdiendo con el paso de los años: no hay que olvidar, por ejemplo, que la Fuente del Salto del Agua estaba situada en un arrabal frecuentado en aquel entonces por las clases más pobres de la ciudad (como bien se encargó Francisco Zarco de precisarlo, en el texto explicativo de la estampa correspondiente de *México y sus alrededores*). Y que en *La Calle de Roldán y su desembarcadero*, el apiñamiento obstructor de la variopinta muchedumbre acaso funcione también como una suerte de correlato compositivo de esa ingrata sensación de aguas estancadas y fétidas traída siempre a colación por los escritores costumbristas, de Francisco González Bocanegra (en *México y sus alrededores*) a Manuel Rivera Cambas (en su *México pintoresco, artístico y monumental*).

[10] Sobre la importancia del ferrocarril urbano en la expansión de la ciudad, puede consultarse "La expansión de la Ciudad de México en el siglo XIX: el caso de los fraccionamientos", de María Dolores Morales, y "Sistemas de transporte y expansión urbana: los tranvías", de Manuel Vidrio C., en Alejandra Moreno Toscano (Coordinadora), *Ciudad de México: Ensayo de construcción de una historia*, obra colectiva del Seminario de Historia Urbana, Instituto Nacional de Antropología e Historia, México, 1978 (Colección Científica núm. 61), págs. 189-200 y 201-216, respectivamente.

[11] Existe una estampa de formato descomunal (52 x 74 cms.), dibujada de mano maestra por Castro y publicada en cromolitografía por la Imprenta de Victor Debray, en el transcurso de los años setenta, titulada *Panorama del Valle de México, tomado desde las Lomas de Santa Fé (suroeste del Valle)*, y en cuyo primer término figuran una cruz y unos indios caminando por una vereda que desemboca en una carretera flanqueda por una ringla de postes telegráficos (asunto y localidad directamente relacionados, por cierto, con los del dibujo 13 de este catálogo, fechado, con la última cifra ilegible, en 187...). Me pregunto si la enorme amplitud de visión que supone no será vinculable, ésta sí, con una nueva consciencia de la gran expansión potencial de la ciudad, facilitada entre otros factores por los nuevos medios de transporte urbano y suburbano. María Dolores Morales reconoce tal expansión inusitada como característica del periodo 1858-1910, y en especial del porfiriato (*loc. cit.*).

[12] El uso de la fotografía como soporte de la imagen litográfica, para ilustrar un libro celebratorio del advenimiento del ferrocarril en México, concuerda perfectamente, por lo demás, con un propósito explícitamente declarado en la Introducción del mismo: buscar "el consorcio de las letras [del arte, en general] y las ciencias", conforme al ideario estético de los tiempos modernos.

Baz y Gallo suscriben y encomian "esa tendencia actual a relacionar las obras de imaginación con las verdades de la ciencia, porque la verdadera misión del poeta y del artista es copiar la verdad, más sublime, más bella que todos los ideales y fuente de todas las grandes inspiraciones". Y uniendo paladinamente estética y pragmatismo, muy dentro de las premisas ideológicas de la burguesía decimonónica, aseveran: "Hoy por una feliz reacción hemos vuelto a esos tiempos en que el talento sirve para iniciar a las sociedades en las sendas del más útil de los progresos, el progreso material" (*Historia del Ferrocarril Mexicano*, por Gustavo Baz y Eduardo L. Gallo. Gallo y Compañía, editores, México, 1874, pp. 5 y 6).

[13] Me han resultado particularmente útiles las reflexiones que hace Svetlana Alpers sobre las características de la concepción cartográfica del paisaje, y sus relaciones con la pintura, en su libro *The Art of Describing. Dutch Art in the 17th Century*, The University of Chicago Press, 1983. También las observaciones de John W. Reps en sus varios estudios sobre las representaciones topográficas de las ciudades de Estados Unidos en la litografía del siglo XIX, en especial: *Views and Viewmakers of Urban America. Lithographs of Towns and Cities in the United States and Canada, Notes on the Artists and Publishers, and a Union Catalog of their Work, 1825-1925*, University of Missouri Press, 1984; y *Cities of Stone. Nineteenth Century Lithograph Images of the Urban West*, Amon Carter Museum, Fort Worth, 1976.

[14] Ver al respecto el catálogo de la exposición *The Railroad in the American Landscape: 1850-1950*, The Wellesley College Museum, Wellesley, Massachusetts, 1981, con textos de Leo Marx, Susan Danly Walther y Kenneth W. Maddox.

[15] Para poner en contexto estas observaciones, conviene recordar que hubo reiteradas quejas y demandas judiciales contra el ferrocarril, por parte de numerosos hacendados y terratenientes que se oponían a su construcción: "una razón específica que se menciona era el peligro de daños a las cosechas por incendios causados por las chispas que salieran de la locomotora. Parece que otro punto controvertido fue la disponibilidad de mano de obra, ya que los peones de las haciendas estaban abandonándolas para ir a trabajar en las condiciones relativamente mejores que les ofrecía el ferrocarril, situación que por lo menos en un caso provocó una represalia armada de los terratenientes" (John Gresham Chapman, *La construcción del Ferrocarril Mexicano (1837-1880)*, SEPSetentas, México, 1975, pág. 20).

[16] Según Clementina Díaz y de Ovando, A. Sigogne, el cromolitógrafo que trabajó junto con Castro en el traslado de las pinturas a las piedras litográficas y en el proceso de impresión, era un "técnico francés contratado por la empresa del ferrocarril para colaborar en la obra"; desafortunadamente, no precisa la fuente de donde sacó este dato ("El grabado comercial en la segunda mitad del siglo XIX", en Jorge Alberto Manrique (coordinador general), *Historia del arte mexicano*, t. 9, p. 109. México, SEP/INBA-Salvat, 1982).

[17] Vale recordar que, al parejo del discurso prevaleciente a favor del ferrocarril, corrió un hilo de voces disidentes, en especial durante los años iniciales de la República Restaurada, justo cuando se pretendía dar todo el apoyo gubernamental a la conclusión de las obras del Mexicano (debates parlamentarios y periodísticos acerca de concesiones y subsidios, en 1867 y 1868; debates sobre las tarifas, etc.). Y más tarde, una vez inaugurada la línea y durante los primeros años de su operación, se dejaron oír no pocas voces desilusionadas al no verse concretados todos los beneficios que del ferrocarril se esperaban (puede consultarse al respecto Francisco R. Calderón, *La vida económica* en Daniel Cosío Villegas, *Historia moderna de México. La República restaurada*, Editorial Hermes, México, 1984, pp. 622-655 y 661-670; y John Gresham Chapman, *La construcción del Ferrocarril Mexicano (1837-1880)*, SEPSetentas, 1975, capítulos I y VII-X).

Tal vez no sea casual que el *Álbum del Ferrocarril Mexicano* salga a la venta en 1877 (por cierto, el año en que falleciera don Antonio Escandón, el gran promotor de aquella empresa constructiva), cuando tanto el presidente Díaz como el ministro de Fomento, Vicente Riva Palacio, empezaron a dejar bien clara su posición de total apoyo y confianza en los ferrocarriles.

[18] Con ese título aparecen en el catálogo de la exposición *Casimiro Castro (1826-1889)*, Palacio de Bellas Artes, México, 19 de marzo a 20 de mayo de 1968, pág. 85.

[19] Las efemérides del Calendario de Galván correspondientes al año 1888 recogieron estas noticias (*Colección de las efemérides...*, pp. 344-347).

[20] Felipe Teixidor, *Viajeros mexicanos (siglos XIX y XX)*, Editorial Porrúa, México, 1982, pág. 116.

[21] Ver *La gran romería nacional*, t. I, pp. 55-59.

[22] Al hacer esta aseveración tengo muy en cuenta, naturalmente, la existencia de varias obras relacionadas con el motivo visual de la estación ferroviaria; por ejemplo, un par de cuadros muy conocidos de Luis Coto (*La Colegiata de Guadalupe* o *El tren de la Villa*, de 1859, en el Museo Nacional de Arte; y *La llegada y salida de los trenes del ferrocarril de Puebla, vista desde los llanos que están a la espalda de San Fernando*, de 1869, en el Museo Nacional de Historia, Chapultepec), así como la litografía de *México y sus alrededores* que representa la estación del ferrocarril en Puebla en el día de su inauguración. Además, en 1887 Félix Parra ejecutó una pintura de tema afín, *Esperando el tren*: representaba a un viajero solitario aguardando el arribo del tren, a la orilla de un crucero, sobre un andén. (Su paradero actual se desconoce. Está descrita por John Hubert Cornyn en "Félix Parra", un artículo que publicó en 1910 en *The Mexican Herald*, con fotografías; ver Pilar García, "Pintores mexicanos en 1910. Artículos hemerográficos del *Mexican Herald*. Segunda parte". *Memoria*, Museo Nacional de Arte, núm. 5, 1994, pp. 52-57). Todas estas obras son, con todo, enteramente distintas en su concepción a los dibujos de Castro aquí comentados.

[23] *La litografía en México en el siglo XIX*. Sesenta facsímiles de las mejores obras con un texto de Manuel Toussaint. Ediciones facsimilares de la Biblioteca Nacional de México (UNM). Estudios Neolitho, M. Quesada B., México, 1934. (Cito por la 5ª edición, Cuernavaca, 1965, p. 12.)

Conviene subrayar la alusión a Montauriol que Toussaint hace aquí, y vincularla con su ya mencionada tarea de litógrafo, en las ilustraciones de *La gran romería nacional*, con las que están relacionados directamente algunos croquis de Castro. También el nombre de Montauriol aparece como una referencia manuscrita en el reverso de uno de los croquis.

[24] "El pintor de la vida moderna", recogido en *El arte romántico. Algunos de mis contemporáneos. Obras* de Charles Baudelaire (traducción de Nydia Lamarque), Aguilar, México, 1963, pp. 670-672.

[25] Está comprobado que, desde sus inicios, la litografía cumplió funciones de carácter comercial, además de los propiamente artísticos. En Francia y Bélgica, por ejemplo, muy temprano se hizo la distinción respectiva entre los *ouvrages de ville* y los *ouvrages de l'art* (Jérome Blanqui *et al*, *Dictionnaire du commerce et de l'industrie*, 4 volúmenes, Bruselas, 1837-1840, entrada correspondiente a "*Gravures et estampes*", pp. 472-477. *Apud* Jeff Rosen, "The Political Economy of Graphic Art Production during the July Monarchy", *Art Journal*, vol. 48, núm. 1, primavera de 1989, pp. 40 y 44, nota 2).

Los pocos estudios existentes acerca de la historia de la litografía en México por lo común se han centrado en los aspectos artísticos, desentendiéndose del análisis e historia de los trabajos explícitamente comerciales y propagandísticos (basta recordar el tono absolutamente peyorativo que da Toussaint al calificativo "comercial", con el que pretende descalificar la etapa final de la litografía decimonónica en general, y, en concreto, el *Álbum mexicano*). Pero no sólo han desdeñado incursionar en estos campos, sino que incluso pasan por alto las implicaciones que conlleva el hecho de que el grabado litográfico necesariamente suponía una doble relación "empresarial" que el impresor-editor establecía, por un lado, con una clientela con demandas específicas y, por el otro, con los dibujantes y grabadores que estaban a su servicio (se dieron, por supuesto, muchas variantes en estas relaciones, como la de que el editor fungiera a la vez de impresor en la piedra, o la de que el dibujante y el grabador fuesen una y la misma persona. Falta mucho por investigar en el campo específico de la estructura interna de los talleres litográficos del siglo XIX). Entre las demandas de aquella clientela se contaban tareas eminentemente promocionales para la industria y el comercio, como eran la factura de etiquetas, marbetes, papelería membretada, etc. El caso menos ignorado para ilustrar esta exigencia comercial es el de José Guadalupe Posada, sobre todo en la fase temprana de su producción al lado de Trinidad Pedroza, o en su propio taller litográfico de León: algunos de sus trabajos para la promoción, empaquetado y venta de productos industriales han sido ya publicados y expuestos. Pero, en términos generales, este campo de estudios permanece inexplorado en su mayor parte.

[26] Vale la pena hacer notar que, en el excepcional dibujo (núm. 189 de este catálogo), el propio Castro representó la fachada de esta imprenta, ubicada desde la época de Decaen en el Portal del Coliseo Viejo.

[27] En la ausencia de un estudio monográfico al respecto en el campo de la litografía comercial mexicana, encontré muy ilustrativa la lectura del libro de Michael B. Miller, *The Bon Marché. Bourgeois Culture and the Department Store, 1869-1920*, Princeton University Press, New Jersey, 1981; en especial el capítulo V, "Selling Consumption", pp. 165-189.

NACIMIENTO Y DESARROLLO DEL ÁLBUM MÉXICO Y SUS ALREDEDORES. Roberto L. Mayer

BIBLIOGRAFÍA

Además de los ejemplares de *México y sus alrededores* y otros álbumes mencionados en el texto, se consultaron las siguientes obras:

Ashdown, Audsley George, *The Art of Chromolithography, popularly explained and illustrated by 44 plates...* Londres, Sampson, Low, Marston, Searle & Rivington, 1883.

Iturriaga de la Fuente, José. *Anecdotario de viajeros extranjeros en México. Siglos XVI-XX*, 4 Vols..., México, FCE, 1987-1992.

Marzio, Peter C. *Chromolithography, 1849-1900: The Democratic Art*. Boston, 1979.

Mathes, Miguel *México en piedra*, Guadalajara, Edición Imper-Jal., S.A., 1990.

Mayer, Roberto L. *Los dos álbumes de Gualdi*. Investigación inédita.

Museo Nacional de Arte. *Nación de Imágenes*, México. Amigos del Museo Nacional de Arte, A.C., 1994.

Toussaint, Manuel, *La litografía en México en el siglo XIX*, quinta edición, México. Manuel Quesada Brandi Editor, 1965.

CATÁLOGO

1. *Manuscrito*
Inscripción: "Croquis de mi maestro el Sr.
D. Casimiro Castro, Enero 8
de 1889"
Tinta sobre papel
23.5 × 32 cm.

2. *El Valle de México desde Chapultepec*
Firmado "C. Castro"
Cromolitografía
23.5 × 35 cm.

3. *Combate frente a la Ciudadela*
Firmado "C. Castro"
Litografía a color
24.2 × 37.7 cm.

4. *Palacio Nacional*
Litografía acuarelada y tinta
24 × 35 cm.

5. *Fuente del Salto del Agua*
Litografía a color
23.4 × 33.2 cm.
Inscripción en el reverso: "GY"

6. *Basílica de Guadalupe*
Acuarela y tinta sobre papel
24.5 × 35.7 cm.

7. *Palacio de la Diputación*
Litografía acuarelada
24.6 × 36 cm.

8. *Los pintos de Don Juan Álvarez en la calle
de San Juan de Letrán*
Inscripción: "Tallaras de...coortaduría";
"Villa 113"; "Villa 133"
Firmado "C. Castro"
Lápiz sobre papel
23.5 × 31 cm.

9. *Tipos Mexicanos*
Firmado "C. Castro"
Lápiz sobre papel
21.2 × 32.5 cm.

10. *Bosque y Lago de Chapultepec*
Acuarela sobre papel
24.1 × 36.7 cm.
Reverso: Impreso información contable

11. *Tacubaya, Cartagena*
Acuarela sobre papel
24.3 × 35.5 cm.

12. *Lago de Texcoco*
Firmado "Ca. Castro"
Acuarela sobre papel
22.9 × 32.5 cm.

13. *Valle de México*, 1879
Inscripción: "Fresnillo 1879"
Firmado "C. Castro"
Lápiz sobre papel
24.4 × 36.2 cm.

14. *San Ángel tomado por el camino que va a
Contreras*
Inscripción: "San Angel tomada por el
camino que va a Contreras"; "Molino
Viejo"; "Tlacopaquero"
Lápiz sobre papel
22.3 × 37 cm.

15. *Tres vistas desde Tizapán*
Inscripción: "Tizapan"; "40,3,26"
Firmado "C. Castro"
Lápiz sobre papel
22 × 32.5 cm.
Dibujo en el reverso: *Carro tirado por
dos hombres*

16. *San Ángel*
Lápiz sobre papel
18 × 26.9 cm.

17. *Roca*
Lápiz sobre papel
15.9 × 28 cm.

18. *"La Fama" Tlalpan*
Inscripción: "La Fama Tlampan"
Firmado "C. Castro"
Lápiz sobre papel
20.5 × 32.4 cm.

19. *Lavandera*
Firmado "C. Castro"
Lápiz sobre papel
14 × 23.5 cm.

20. *Lomas de San Miguelito*
Inscripción: "Lomas de San Miguelito"
Firmado "C. Castro"
Lápiz sobre papel
25.4 × 32.6 cm.

21. *Valle de México y Molino de Belén*,
julio 28, 1871
Inscripción: "Valle de México y Molina de
Belen"
Firmado "Casimiro Castro"
Lápiz sobre papel
25.7 × 35.5 cm.

22. *Rincón de la Alameda*
Lápiz sobre papel
21.1 × 12 cm.
Dibujo en el reverso: *Apunte*

23. *Glorieta central de la Alameda*, 1865
Firmado "C. Castro"
Lápiz sobre papel
18.4 × 28.4 cm.

24. *Calzada en el Bosque de Chapultepec*
Firmado "C. Castro"
Lápiz sobre papel
31.5 × 25.5 cm.

25. *Camino de Tacubaya a Chapultepec*
Firmado "C. Castro"
Lápiz sobre papel
22 × 32.4 cm.

26. *Vista del Castillo de Chapultepec desde el
camino de Tacubaya*
Firmado "C. Castro"
Lápiz sobre papel
21.7 × 32.4 cm.

27. *Alrededores de Mixcoac*
Inscripción: "San Borja"; "Zapotes";
"Lomas de las Palmas"; "El Olivar del
Conde"; "Casa de Ga..."
Firmado "C. Castro"
Lápiz sobre papel
24.5 × 32.5 cm.
Dibujo en el reverso: *Apunte*
Inscripción: "Valdes"

28. *Pedestal del monumento a Colón*, 10-3-88
Firmado "C. Castro"
Lápiz sobre papel
15.7 × 20 cm.

29. *Casa de la calle Venustiano Carranza 73*
Lápiz sobre papel
10.9 × 10.9 cm.

30. *Fachada*
Lápiz sobre papel
12.9 × 13.7 cm.

31. *Fachada*
Lápiz sobre papel
15.9 × 10.8 cm.

32. *Acueducto de Los Remedios*, agosto 6, 1871?
Inscripción: "50 A"
Lápiz sobre papel
23.5 × 35.4 cm.

33. *Santuario de Los Remedios*, agosto 5,1871
Lápiz sobre papel
19.2 × 32.5 cm.

34. *Chimalistac*
Inscripción: "Chimalistaca"
Firmado "C. Castro"
Lápiz sobre papel
16 × 24.3 cm.

35. *Hacienda de La Cañada*
Inscripción: "Ha. de la Cañada"
Firmado "C. Castro"
Lápiz sobre papel
12.4 × 30 cm.

36. *Valle de México con el Cerro del Tepeyac en primer plano*
Lápiz sobre papel
21.5 × 32 cm.

37. *Bosquejo del Valle de México desde la Villa*
Inscripción: "La Plaza"; "La Reforma"; "Valle de México tomado desde La Villa"
Lápiz sobre papel
13 × 9.4 cm.

38. *Vela del Cerro del Tepeyac*
Lápiz sobre papel
21.8 × 27.1 cm.
Dibujo en el reverso: *Apunte de kiosko y personajes*

39. *Plaza de San Jacinto*
Firmado "C. Castro"
Lápiz sobre papel
15.9 × 26.5 cm.
Dibujo en el reverso: *Apunte*

40. *Paseo de La Viga con el monumento a Cuauhtémoc*
Lápiz sobre papel
22.6 × 32.5 cm.

41. *Paseo de La Viga con el monumento a Cuauhtémoc*
Firmado "C. Castro"
Lápiz sobre papel
24.2 × 32.5 cm.

42. *Trajineras y la garita en el Canal de La Viga*
Lápiz sobre papel
21.1 × 29.8 cm.

43. *Trajinera en un canal*
Lápiz sobre papel
17 × 17.4 cm.
Inscripción en el reverso: "Mr. Ricardo"

44. *Xochimilco*
Lápiz sobre papel
19.2 × 18.4 cm.
Dibujo en el reverso: *Fachada del Edificio Comercial*
Inscripción: "La Nueva Americana, máquinas de coser"; "M"; "L"; "Agujas todos los sistemas de máquina"; "Hilos, sedas y aceites para máquina"; "Agencia General y único depósito de La Nueva G. Lohse y Cia Sucs."

45. *Trajinera en un canal*
Lápiz sobre papel
14.1 × 15.8 cm.
Dibujo en el reverso: *Fuente de la Alameda*

46. *Trajineras en un canal*
Firmado "C. Castro"
Lápiz sobre papel
21.7 × 32.5 cm.

47. *Vista de Puebla tomada desde el cerro de Sn. Juan 1863*
Litografía a color
32.1 × 46.2 cm.

48. *Arco de entrada a Amecameca*
Lápiz sobre papel
21.3 × 28.2 cm.
Dibujo en el reverso: *Fachada comercial "La Jalapeña"*
Inscripción: "La Jalapeña"

49. *Arco de entrada a Amecameca*
Dibujo a lapiz sobre papel
16.8 × 24 cm.

50. *Subida al Sacromonte*
Lápiz sobre papel
21.2 × 28.8 cm.
Dibujo en el reverso: *Proyecto de arco*

51. *Colina del Sacromonte*
Lápiz sobre papel
21.7 × 28.9 cm.
Dibujo en el reverso: *Proyecto de capilla funeraria*
Firmado "G. Rodríguez"

52. *Roca*
Lápiz sobre papel
15.7 × 28.2 cm.

53. *Templo* (no identificado)
Lápiz sobre papel
11.7 × 18 cm.

54. *Pueblo* (no identificado)
Lápiz sobre papel
5.7 × 28 cm.
Dibujo en el reverso: *Apunte*

55. *Pueblo* (no identificado)
Lápiz sobre papel
9.5 × 17.8 cm.

56. *Pueblo* (no identificado)
Firmado "C. Castro"
Lápiz sobre papel
22.4 × 32.4 cm.

57. *Paisaje* (no identificado)
Acuarela sobre papel
10.6 × 31.3 cm.

58. *Puente* (no identificado)
Lápiz sobre papel
16.2 × 29.2 cm.

59. *Poblado* (no identificado)
Lápiz sobre papel
15.5 × 29 cm.
Dibujo en el reverso: *Fuente, pino y fachada*

60. *El mineral "El Cedrotia" en Chihuahua (Las Turbinas)*
Lápiz y acuarela sobre papel
16 × 23.7 cm.

61. *La Bota*, 1874
Inscripción: "La Bota (en las Cumbres)"
Firmado "C. Castro"
Acuarela sobre papel
23.7 × 32.7 cm.

62. *Tunel No. 10 Infiernillo*,1874
Inscripción: "Infiernillo"
Firmado "C. Castro"
Acuarela sobre papel
24.7 × 35 cm.
Inscripción en el reverso: "Tunel No. 10
Infiernillo"

63. *La Peñuela*, 1874
Inscripción: "La Peñuela"
Firmado "C. Castro"
Tinta y acuarela sobre papel
23 × 32.9 cm.

64. *Sumidero*, 1874
Inscripción: "Sumidero"
Firmado "C. Castro"
Tinta y acuarela sobre papel
24.5 × 34.6 cm.

65. *Estación de la Soledad*, marzo 17,1873
Inscripción: "Estación de la Soledad"
Firmado "C. Castro"
Tinta y acuarela sobre papel
21.7 × 32.5 cm.
Dibujo en el reverso: *Puente de la
Soledad*

66. *Tramo de la vía del ferrocarril mexicano*
Tinta y acuarela sobre papel
10.6 × 32.5 cm.
Dibujo en el reverso: *Peones trabajando
en la vías*

67. *Puente de Paso del Macho*
Inscripción: "Puente de Paso del Macho"
Firmado "C. Castro"
Lápiz sobre papel
19.2 × 32.5 cm.

68. *Las Cumbres de Maltrata*, 1874
Inscripción: "Las Cumbres de Maltrata"
Firmado "C. Castro"
Lápiz sobre papel
23.5 × 34.6 cm.

69. *Puente y detalles del Túnel No. 10*
Inscripción: "Detalles del túnel No. 10"
Lápiz sobre papel
21 × 29.1 cm.
Inscripción en el reverso: "Puente y
detalles del Túnel No. 10"

70. *Tanque de agua*
Lápiz sobre papel
17.2 × 13.2 cm.
Dibujo en el reverso: *Máquina doble*

71. *Infiernillo*
Inscripción: "Infiernillo"
Firmado "C. Castro"
Lápiz sobre papel
25.1 × 34.3 cm.
Dibujo en el reverso: *Infiernillo*

72. *Apuntes de Orizaba*
Inscripción: "Molino La Borda";
"San Juan de Dios"; "Dominique"
Firmado "C. Castro"
Lápiz sobre papel
26 × 37 cm.

73. *Tranvía de mulitas*
Firmado "C. Castro"
Lápiz sobre papel
23.7 × 35.4 cm.

74. *Paisaje con vía del ferrocarril mexicano*
(Cumbres de Maltrata?)
Lápiz sobre papel
15.8 × 28.4 cm.

75. *Locomotora llegando a una estación*
Lápiz sobre papel
14.5 × 28.4 cm.

76. *Estación de Orizaba*
Lápiz sobre papel
16.3 × 27.5 cm.
Dibujo en el reverso: *Boceto de peine de
vías*

77. *Aspectos del ferrocarril mexicano*
Lápiz sobre papel
14.5 × 25.4 cm.
Inscripción en el reverso: "Calle de
Medina 22 Sr. Legarreta"

78. *Partida de la peregrinación a Roma
el 7 de abril de 1888*
Lápiz y tinta sobre papel
15.4 × 21.8 cm.

79. *Partida de la peregrinación a Roma
el 7 de abril de 1888*
Lápiz y tinta sobre papel
10.9 × 18.4 cm.

80. *Multitud reunida para la ceremonia
relacionada con el ferrocarril*
Tinta sobre papel
6.4 × 21.2 cm.

81. *Multitud reunida para la ceremonia
relacionada con el ferrocarril*
Lápiz y tinta sobre papel
11.3 × 17.8 cm.

82. *Estación de Boca del Monte*
Inscripción: "Hotel de Boca del Monte"
Lápiz sobre papel
17.4 × 28 cm.

83. *Panorama de Puebla*
Inscripción: "Panorama de Puebla"
Firmado "C. Castro"
Lápiz sobre papel
26.4 × 49 cm.

84. *Puebla*, 1863
Inscripción: "Puebla"
Firmado "C. Castro"
Lápiz sobre papel
14.8 × 36 cm.

85. *Puebla*
Inscripción: "Puebla"
Lápiz sobre papel
18.6 × 32.2 cm.

86. *Vista de Puebla*
Lápiz sobre papel
16.2 × 28.4 cm.

87. *Iglesias y edificios de Puebla*
Inscripción: "Molino"; "Luz"; "Analco";
"Sn. Franco"; "La Misericordia";
"Balvanera"; "Ecc Homo"; "San Juan las
Piadosas"; "Sn. Agustín"; "Sta. Clara";
"Sn. Pedro"; "Sn. Cristóval"
Lápiz sobre papel
16.3 × 28.5 cm.
Dibujo en el reverso: *Iglesias y edificios de
Puebla*
Inscripción: "Santísima"; "Sn. Antonio";
"Chaxamenetla"

88. *Iglesias poblanas*
Inscripción: "El conbento"; "Sn. Miguel" ;
"Jesús"; "La Caridad";
"Sn. Francisquito"; "Sta. Cruz";
"La Parroquía"; "Sn. Lucas"; "Calvario";
"Santuario"; "La Santísima"
Lápiz sobre papel
16 × 27.8 cm.
Dibujo en el reverso: *Convoy*

89. *El Barrio de Santiago, Puebla*, 1863
Inscripción: "Puebla (Barrio de Santiago)"
Firmado "C. Castro"
Lápiz sobre papel
24.2 × 37 cm.

90. *Puebla vista desde la troje de El Carmen*
Inscripción: "Puebla vista tomada desde la troje del Carmen";
"1. R. de la Magdalena";
"2. Troje del Carmen";
"3. Molino del Carmen"
Firmado "C. Castro"
Lápiz sobre papel
24.5 × 42.5 cm.

91. *Puebla*, 1863
Inscripción: "Puebla"
Firmado "C. Castro"
Lápiz sobre papel
18.8 × 32.2 cm.

92. *Puebla*
Inscripción: "Puebla"
Firmado "C. Castro"
Lápiz sobre papel
20.2 × 33.8 cm.

93. *Perote*
Lápiz sobre papel
19 × 47.7 cm.

94. *El Pico de Orizaba*
Lápiz sobre papel
15.8 × 26.8 cm.

95. *Cascada de Tizapán, San Ángel* , 1864
Firmado "C. Castro"
Lápiz y gouache sobre papel
34.4 × 25.5 cm.

96. *Hacienda del Encinal, Orizaba*, 1874
Inscripción: "Ha. del Encinal (Orizaba)"
Firmado "C. Castro"
Lápiz sobre papel
16.2 × 30.5 cm.

97. *Orizaba*
Lápiz sobre papel
16.2 × 29.3 cm.
Dibujo en el reverso: *Motivos arquitectónicos*

98. *Orizaba tomada desde Cocolapan*, 1874
Inscripción: "Orizaba, tomada desde Cocolapan"
Firmado "C. Castro"
Lápiz sobre papel
23.4 × 32.4 cm.

99. *Orizaba tomada desde El Carmen*, 1862
Inscripción: "Orizaba tomada desde El Carmen"
Firmado "C. Castro"
Lápiz sobre papel
20.2 × 32.7 cm.

100. *Córdoba tomada desde la primera calle de Veracruz*
Lápiz sobre papel
15.4 × 23.7 cm.

101. *Córdoba tomada desde la primera calle de Veracruz*
Inscripción: "Cordoba tomada desde la 1a. Calle de Veracruz"
Lápiz sobre papel
16.5 × 23.5 cm.

102. *Veracruz, vista hacia el mar*, 1875 (1873?)
Inscripción: "Veracruz"
Firmado "C. Castro"
Lápiz y acuarela sobre papel
19.4 × 37.3 cm.

103. *Veracruz, vista hacia tierra*, 1872
Inscripción: "Veracruz"
Firmado "C. Castro"
Lápiz sobre papel
20.7 × 32.4 cm.

104. *Interior de ingenio piloncillero*
Firmado "C. Castro"
Lápiz, tinta, acuarela y gouache sobre papel
31.4 × 37.8 cm.

105. *Fachada de edificio industrial*
Lápiz sobre papel
19.8 × 24.2 cm.

106. *Teléfono de baterías*
Inscripción: "Edison"; "J.L"; "Tierra";
"Tierra"; "Instructions"; "Inscriptions"
Lápiz sobre papel
14.2 × 21.5 cm.

107. *Fachada de edificio industrial*
Lápiz sobre papel
11.2 × 16 cm.

108. *Fachada de un edificio industrial*
Lápiz sobre papel
16.7 × 26.7 cm.

109. *Fachada de un edificio industrial*
Lápiz sobre papel
11.4 × 24.2 cm.

110. *Engranes de una máquina*
Inscripción: "14 dientes"; "19(49?)"
Lápiz sobre papel
20.2 × 26.8 cm.

111. *Interior de una fábrica*
Lápiz sobre papel
15.8 × 18.6 cm.
Dibujo en el reverso: *Paisaje*

112. *Máquina*
Inscripción: "Un hombre"; "un suelo";
"...del bastidor"
Lápiz sobre papel
15.5 × 27 cm.
Dibujo en el reverso: *Fucard y gupil*
Inscripción: "Fucard y Goupil"

113. *Escultura de una cabeza de serpiente*,
2-8-85
Firmado "Eduardo Pérez"
Lápiz sobre papel
10.4 × 13.8 cm.

114. *Dos vistas de la cabeza de serpiente empotrada en la esquina de la casa de los Condes de Calimaya*, 2-8-85
Firmado "Eduardo Pérez"
Lápiz sobre papel
11 × 15.4 cm.
Dibujo en el reverso: *Apunte*

115. *Escultura de cabeza de serpiente*, 2-8-85
Firmado "Edo. Pérez"
Lápiz y acuarela sobre papel
9.5 × 12.3 cm.

116. *Vendedora de frutas, un arriero y tres mulas*
Lápiz sobre papel
14.8 × 25.2 cm.
Dibujo en el reverso: *Paisaje con una iglesia*

117. *Alegoría sobre el descubrimiento del pulque por la reina Xochil*, mayo 21-86
Inscripción: "Descubrimiento del pulque por la Reina Xochil"
Lápiz sobre papel
17.8 × 22 cm.

118. *Niño muerto*
Lápiz sobre papel
12 × 14.7 cm.

119. *Estudio para el croquis No. 10 del Bosque de Chapultepec*
Lápiz sobre papel
6.1 × 10 cm.

120. *Hombre vaciando un cubo*
Lápiz y acuarela sobre papel
8.7 × 6.7 cm.

121. *Tlachiquero, Chac-mool, platanero*
Firmado "C. Castro"
Lápiz sobre papel
30.7 × 22.2 cm.

122. *Vendedores ambulantes*
Firmado "Campillo"
Lápiz sobre papel
22 × 24.2 cm.
Dibujo en el reverso: *Mujeres despiojándose*

123. *Conejo*
Lápiz sobre papel
7 × 9.5 cm.
Dibujo en el reverso: *Paisaje*

124. *Mula de carga*
Lápiz sobre papel
18 × 20.8 cm.
Dibujo en el reverso: *Niño con malformación labial*

125. *Tiro de caballos*
Lápiz sobre papel
8.7 × 9.6 cm.

126. *Grupo de bovinos*
Lápiz sobre papel
3.8 × 9 cm.

127. *Planta de algodón con capullo y semilla,* 1903
Inscripción: "Rama de algodonero"; "capullo"; "semilla"
Firmado "F. J."
Cromolitografía
33.8 × 28 cm.

128. *Platanero*
Firmado "C. Castro"
Lápiz y acuarela sobre papel
23.7 × 18.2 cm.

129. *Matas de maíz*
Lápiz sobre papel
28.2 × 16 cm.

130. *Matas de tabaco*
Lápiz sobre papel
16 × 27.5 cm.
Dibujo en el reverso: *Viaducto del ferrocarril mexicano en construcción*

131. *Plantas, flores en una chinampa*
Lápiz sobre papel
13 × 17.8 cm.
Dibujo en el reverso: *Paisaje con un edificio*

132. *Magueyes*
Lápiz sobre papel
21.5 × 15.5 cm.
Inscripción en el reverso: "&"; "F"

133. *Magueyes,* 1864
Firmado "C. Castro"
Lápiz sobre papel
18 × 26 cm.
Dibujo en el reverso: *Casa*

134. *Árboles*
Lápiz sobre papel
15.9 × 27 cm.
Dibujo en el reverso: *Fachada*

135. *Nopal*
Lápiz sobre papel
22.5 × 16 cm.

136. *Una vereda con plantas*
Lápiz sobre papel
24.8 × 14.2 cm.
Dibujo en el reverso: *Apunte*

137. *Escena rural*
Lápiz sobre papel
16.2 × 29.2 cm.

138. *Estudios de plantas*
Lápiz y gouache sobre papel
20.8 × 29.8 cm.

139. *Bebedero rústico*
Lápiz sobre papel
16.8 × 21.4 cm.

140. *Plantas*
Lápiz sobre papel
17.6 × 20.7 cm.

141. *Planta de tabaco con malaxte*
Inscripción: "Malaxte"
Firmado "C. Castro"
Lápiz sobre papel
17.5 × 15.7 cm.

142. *Hojas de planta*
Lápiz sobre papel
17.2 × 18.2 cm.

143. *Hojas de planta*
Firmado "C. Castro"
Lápiz sobre papel
21.7 × 13.7 cm.

144. *Caña de azúcar*
Inscripción: "Caña de azúcar"
Lápiz sobre papel
16 × 20.2 cm.

145. *Planta*
Firmado "C. Castro"
Lápiz sobre papel
19.2 × 14.7 cm.

146. *Calle de Toluca,* 1887 (1881?)
Firmado "C. Castro"
Lápiz sobre papel
19.8 × 32.2 cm.
Dibujo al reverso: *Árbol y carreta*

147. *Paisaje de un poblado*
Lápiz sobre papel
16.5 × 25.8 cm.

148. *Catedral de Sevilla, España*
Lápiz sobre papel
14.4 × 12.4 cm.

149. *Bahía de Nápoles, Italia*
Lápiz sobre papel
10.7 × 18.2 cm.

150. *Teatro con vista de lunetario*
Lápiz sobre papel
5.5 × 6.7 cm.

151. *Basílica de Santa María La Mayor en Roma*
Lápiz y acuarela sobre papel
10.7 × 16.5 cm.

152. *Interior de la Capilla Sixtina en Roma*
Lápiz sobre papel
11 × 17.5 cm.

153. *Fachada de la Basílica de San Juan de Letrán en Roma*
Inscripción: "Lista de lo que se colecte para obsequiar S. Carlos Montauriol entre los emp.......dos de su negociación"
Lápiz y acuarela sobre papel
10.5 × 17.5 cm.

154. *Plaza y Basílica de San Pedro en Roma*
Lápiz sobre papel
12 × 19.5 cm.

155. *Alegoría de la Exposición Universal de París en 1889*
Lápiz y acuarela sobre papel
20.2 × 15.8 cm.

156. *Proyecto para un monumento, 1865*
Firmado "C. Castro"
Lápiz y gouache sobre papel
29.2 × 24.7 cm.

157. *Proyecto para anunciar productos de fabricación nacional*
Lápiz sobre papel
21.4 × 32.4 cm.

158. *Proyecto para anunciar productos de fabricación nacional*
Lápiz sobre papel
20.8 × 32.4 cm.

159. *Marco alegórico con el gorro frigio*
Lápiz sobre papel
18.8 × 12.7 cm.

160. *Retrato del General Porfirio Díaz,*
mayo 19, 1888
Inscripción : "Sr."
Lápiz y tinta sobre papel
19.2 × 12.5 cm.

161. *Trofeo con motivos hípicos*
Lápiz sobre papel
17.5 × 22.7 cm.

162. *Decorado alegórico para un baile*
Tinta china y lápiz sobre papel
15.5 × 26.2 cm.

163. *Apuntes para un monumento funerario*
Lápiz sobre papel
16.4 × 26.4 cm.
Dibujo en el reverso: *Farola*
Inscripción: "Express del Comercio"

164. *Apunte para un monumento funerario*
Lápiz sobre papel
20 × 15.2 cm.

165. *Fachada de una casa comercial*
Lápiz sobre papel
10.6 × 10.6 cm.

166. *Fachada de la sombrerería*
"Zolly Hermanos"
Inscripción: "No. 3. Zölly, Hermanos
No. 3"
Lápiz sobre papel (con figuras
sobrepuestas a la manera de collage)
21.5 × 32.2 cm.

167. *Fachada de "Ferretería y Mercería de José María del Río"*
Inscripción: "No. 6. Ferretería y Mercería
de José María del Río No. 6"
Lápiz sobre papel
13 × 8 cm.

168. *Bosquejo de la fachada de la sombrerería "Zolly Hermanos"*
Inscripción: "No. 3 Zolly y Hermanos
No. 3"
Lápiz sobre papel
21.8 × 31.8 cm.

169. *Fachada de la tienda "Las Variedades"*
Inscripción: "No. 1 Las Variedades
No. 1"
Lápiz sobre papel
7 × 12 cm.

170. *Fachada de "Droguería La Palma"*
Inscripción: "Mavers...y Cia";
"Droguería de La Palma"
Lápiz sobre papel
15.4 × 11.6 cm.
Dibujo en el reverso: *Carreta*
Inscripción: "Muy señor mio tengo la...
de que..."; "Miguel"

171. *Fachada de "Fábrica de Piedra Artificial Cárdenas y Cia."*
Inscripción: "Monumentos y lápidas de
piedra artificial";"Fábrica de piedra
artificial Cárdenas y cia"; "Gran surtido
de cajas mortuorias finas y corrientes
a precios como..."
Lápiz sobre papel
15.8 × 29.8 cm.

172. *Fachada de una casa*
Lápiz sobre papel
12.5 × 16.9 cm.

173. *Fachada de la mercería de "Jougla y Cia"*
Inscripción: "Mercería de Jougla y Cia";
"Mercería de G..."
Firmado "C. Castro"
Lápiz sobre papel
11.5 × 23 cm.

174. *Fachada de una mercería*
Inscripción: Leyenda ilegible
Firmado "C. Castro"
Lápiz sobre papel
10.2 × 13.4 cm.

175. *Fachada de "Armería Americana"*
Inscripción: "Armería Americana";
"Guarniciones Americanas"; "Albardones
ingleses"; "Fábrica para niquelar"; "Armería
Americana Wexel y de Gress"; "Colegio
para niñas y señoritas sistema de objetivo
dirigido por las sritas. Colín, profesoras
tituladas"; "Maquinarias y efectos
americanos de todas clases"; "Armas surtas";
"Maquinaria"; "5 AR"; "AR"; "WEX"
Lápiz sobre papel
18.4 × 23.5 cm.

176. *Fachada de "El Fénix Parisiense. Artículos de fantasía"*
Inscripción: "El Fenix Parisiense.
Artículos de Fantasia"; "Pamelas,
sombrillas, corbatas para camisas sobre
medida y medias para mujer, calsetines
de camisas"
Firmado "C. Castro"
Lápiz sobre papel
9.7 × 16.5 cm.

177. *Fachada "Despacho de papel de la Fábrica de Belén"*
Inscripción: "Despacho de Papel de la
Fábrica de Belem...cia"
Firmado "C. Castro"
Lápiz sobre papel
9.7 × 16.5 cm.

178. *Fachada del almacén "Sorpresa y Primavera Unidas"*
Inscripción: "...Primavera Unidas"
Lápiz sobre papel
16 × 25 cm.
Dibujo en el reverso: *Fachada, faldas, flor*
Inscripción: "De estas dos"

179. *Fachada del almacén "La Jalapeña"*
Inscripción: "La Jal.peña"
Firmado "C. Castro"
Lápiz sobre papel
15.7 × 22.5 cm.

180. *Fachada del edificio de la "Droguería La Palma"*
Inscripción: "Agencia General de la
compañía de seguros y contra incendios
y sobre la vida Northern en Londres";
"Droguería de La Palma 12"; "único
depósito de la... de San Louis"; "L. R.
Geigy"; "Gran fábrica de ácidos y
productos químicos"
Lápiz sobre papel
20.4 × 28.7 cm.

181. *Fachada del establecimiento "Al Gran Emporio de Luz" y sello de "Antigua Droguería Francesa Lozano"*
Inscripción: "Por mayor y menos Nos. 10 y 11, al Gran Emporio de Luz"; "AL"; "Petroleo de los principales depósitos de los Estados Unidos"; "Unica dirección de la Empresa de Asfalto artificial; "Lámparas y sus accesorios"; "Líquido de trimetina"; "Depósito de nieve natural o artificial"; "cristalería vidrio del país y extranjero"; "pintura para carruajes"; "...Droguería Fran...Lozano"
Lápiz sobre papel
21.7 × 29 cm.

182. *Fachada de "Antigua Droguería Francesa Lozano"*
Inscripción: "Artículos para fotografía"; "Efectos de tlapalería"; "único espendio de los ácidos y productos químicos de la fábrica de La Viga de Mavers Tribolin y Cia"; "Lupolo y corchos, medicinas de patente, colores y barnices"; "Cartón Bristol"; "Perfumería fina"
Lápiz sobre papel
18 × 28 cm.

183. *Fachada para la tienda "El Borrego"*
Inscripción: "El Borrego fábrica de puros y cigarros, nueva marca de cigarros"; "2ª de Plateros, Remigio Noriega México"; "Jamones, salmón, mortadela quesos de todas clases"; "conservas de todas clases, datiles cervezas galletinas americanas"; "vinos españoles de todas clases, semillas por mayor y menor"; "surtido general de papeles"; "ministro medio"; "floretes cartas esquelas genoves y catalanes"; "huachinango fresco camarón fresco fresco de Veracruz"
Firmado "C. Castro"
Lápiz y acuarela sobre papel
19.2 × 27.5 cm.
Dibujo en el reverso: *Paisaje de Xochimilco*
Firmado "C. Castro"

184. *Fachada del almacén "A la Ciudad de París"*
Inscripción: "(especialidad de ropa) hecha Camisería y Bonetería"; "F. Coblentz y Ca"
Lápiz sobre papel
19 × 25.2 cm.
Dibujos en el reverso: *Perspectiva*
Inscripción: "Es un hecho"; "hecho mi saco"; "ropa seca"

185. *Fachada para un establecimiento comercial "Santiago de Lohsen"*
Inscripción: "Santiago de Lohsen"; "13 metros 70 cent 1.50, 2.5, 5.90"; "No. 5"
Firmado "C. Castro"
Lápiz sobre papel
13.7 × 23.5 cm.
Dibujo en el reverso: *Convoy de ferrocarril*

186. *Fachada de un establecimiento comercial en una esquina*
Lápiz y acuarela sobre papel
11.4 × 15.6 cm.

187. *Apunte de un establecimiento comercial o industrial*
Lápiz sobre papel
16.2 × 28.5 cm.
Dibujo en el reverso: *Apunte de Faldas*
Inscripción: "de estas dos"; "enagua lisa con dobladillo ancho"; "enagua en tres alforsas de 10 rp"; "enagua de media cola"

188. *Fachada de la "Casa Simón Weil"*
Inscripción: "No. 13 Simon Weill y Ca. No. 13"
Firmado "C. Castro"
Lápiz sobre papel
13 × 20.4 cm.
Dibujo en el reverso: *Apunte*

189. *Fachada de la "Casa litográfica de Víctor Debray"*
Inscripción: "Imprenta litográfica de Víctor Debray"
Firmado "C. Castro"
Lápiz sobre papel
10.5 × 22 cm.

190. *Fachada de una casa-habitación*
Lápiz sobre papel
16.5 × 20.7 cm.
Dibujo en el reverso: *Construcciones*

191. *Fachada del edificio ubicado en la esquina que forman las hoy calles de 5 de Febrero y República del Salvador*
Lápiz sobre papel
24.2 × 37 cm.
Dibujo en el reverso: *Retrato*

192. *Proyecto de un anuncio para "The Panamerican World"*
Inscripción: "The Pan-American World"
Acuarela sobre papel
33 × 24 cm.

193. *Proyecto para carátula "México Independiente"*
Inscripción: "México Independiente"
Litografía acuarelada
28.7 × 17.3 cm.

194. *Proyecto para carátula del calendario de Víctor Debray para 1876*
Acuarela sobre papel
36 × 28.8 cm.

195. *Fragmento de proyecto de cartel para el "Teatro de La Paz" en San Luis Potosí*
Inscripción: "De San Luís"; "Compañía en participación"; "Teatro de La Paz"
Tinta y acuarela sobre papel
35.3 × 26.4 cm.

196. *Enmarcamiento con figura alegórica*
Lápiz y acuarela sobre papel
26 × 20.7 cm.

197. *Proyecto para anuncio "De Orizava y Córdoba"*
Inscripción: "De Orizava y Cordoba"; "Al Baluarte" (texto invertido)
Acuarela sobre papel
29.8 × 25.4 cm.

198. *Proyecto para etiqueta "Vainilla Superior Mexicana"*
Inscripción: "Vainilla Superior Mexicana, cosechada y beneficiada por Ángel Martínez Papantla"; "vainilla con peso bruto"; "tasa neto"; "No. Lit. Debray y sucs México"
Tinta y acuarela sobre papel
31.5 × 20.5 cm.

199. *Proyecto para etiqueta "El Borrego y La Asturiana"*
Inscripción: "El Borrego y La Asturiana"; "Veracruz y México"; "Despacho Capuchinas 12 México"; "Vegas de la propiedad de la fábrica El Borrego"
Tinta y acuarela sobre papel
11.8 × 20.4 cm.

200. *Proyecto para el menú de un banquete*
Inscripción: "Banquete"
Lápiz y tinta sobre papel
18.5 × 11.7 cm.

201. *Proyecto para una etiqueta de la"Fábrica de Rebozos y Sedas Manuel Bauche"*
Inscripción: "Manuel Bauche"; "Fabrica de Rebozo y Seda"; "2ª de La Monterilla No. 4"; "México"
(texto invertido)
Lápiz, tinta y acuarela sobre papel
18 × 11.8 cm.

202. *Etiqueta para "Fábrica de Tabacos El Borrego y La Asturiana"*
Inscripción: "El Borrego y La Asturiana"; "Fabca. de tabacos elegancía y buen gusto Veracruz y México"; "Despacho Capuchinas No. 12 México"; "Remigio Noriega"
Tinta y acuarela sobre papel
11 × 11 cm.

203. *Proyecto para calendario del "Gran Almacén de Calzado La Elegancia para 1884*
Inscripción: "La Elegancia gran almacén de calzado por mayor y menor"; "México"; "La Elegancia"; "Calle de Vergara No. 4 esquina del 5 de mayo"; "1884"; "Enero"
Tinta, lápiz y acuarela sobre papel
23 × 30 cm.

204. *Interior de la Catedral de México, en el día 26 de abril del año de 1855 en que se celebró en ella la declaración dogmática de la Inmaculada Concepción de María Santísima*
Litog. Decaen editor México Portal del Coliseo Viejo propiedad del editor Litografía
39 × 28.4 cm.

La exposición se acompaña de álbumes y libros con litografías y cromolitografías de Casimiro Castro.

Juan Bautista Morales. *El Gallo Pitagórico.* México, imprenta litográfica de I. Cumplido (calle de los Rebeldes núm. 2), 1845. 280 pp. Publicado por entregas.

José Ramón Pacheco. *Descripción de la solemnidad fúnebre con que se honraron las cenizas del héroe de Iguala, don Agustín de Iturbide, en octubre de 1838.* México, imprenta de Ignacio Cumplido, 1949. 66 pp.

Varios autores. *La Ilustración Mexicana.* Publicada por Ignacio Cumplido. Tomos I y III. México, imprenta de Ignacio Cumplido (calle de los Rebeldes núm. 2), imprenta litográfica de Decaen y de I. Cumplido, 1851. Tomo I, pp. 603 y tomo III, pp. 696. Publicado por entregas.

Édouard Rivière. *Antonino y Anita o Los nuevos misterios de México.* Traducido del francés por Carlos H. Serán. México, Navarro y Decaen editores, imprenta de Juan N. Navarro (calle de Chiquis núm. 6), 1851. 158 pp. Publicado por entregas.

Niceto de Zamacois, Francisco Zarco, Vicente Segura, Anselmo de la Portilla, Manuel Payno, Luis G. Ortiz, Hilarión Frías y Soto, J. M. González, Francisco González Bocanegra, José T. de Cuéllar, José María Roa Bárcena y Marcos Arroniz. *México y sus alrededores. Colección de Monumentos, Trajes y Paisajes.* México, litografía de Decaen (Portal del Coliseo Viejo s/n), 1855-1856/1863-1864/1864/1869.

Antonio García Cubas. *Álbum del Ferrocarril Mexicano. Colección de vistas pintadas del natural por Casimiro Castro, y ejecutadas en cromolitografía por A. Sigogne, C. Castro, etc.* México, publicado en el Establecimiento Litográfico de Víctor Debray y Ca., Editores, 1877. 56 pp., 24 láminas.

CRÉDITOS

Coordinación general	Cándida Fernández de Calderón
Organización de la exposición	Alberto Sarmiento Donate
	Leticia Gámez Ludgar
Investigación	Mónica Davis
	Ligia Fernández
	Oscar Flores
	Jimena Madrazo
	Paulina Michel
Asesoría	Juana Gutiérrez Haces
	Fausto Ramírez
Montaje	Arturo Hernández Morales
Coordinación del catálogo	Cándida Fernández de Calderón
	Alberto Sarmiento Donate
	Leticia Gámez Ludgar
Fotografía	Cuauhtli Gutiérrez
Diseño	Daniela Rocha para Ediciones del Equilibrista, S. A. de C. V.
Cuidado editorial	Ediciones del Equilibrista, S. A. de C. V.

AGRADECIMIENTOS

Banco Nacional de México, S. A., a través de Fomento Cultural Banamex, A. C., hace patente su reconocimiento a las instituciones, museos, galerías y personas, cuya valiosa colaboración hizo posible la realización de esta exposición.

Instituto Nacional de Antropología e Historia

Biblioteca Centro de Estudios de Historia de México CONDUMEX
Biblioteca Nacional de Antropología e Historia, INAH
Centro de Información Académica de la Universidad Iberoamericana

Galería A. Cristóbal
Galería G. B. Shell's
Galería La Granja

Museo Franz Mayer
Museo de Arte del Estado, Orizaba, Veracruz
Museo Nacional de Historia, INAH

Agustín Acosta Lagunes

Guillermo Andrade
Manuel Arango Arias
Isaac Backal
Rogerio Casas Alatriste
Salvador Castillo
Agustín Cristóbal
Alejandro de Antuñano
Luis Everaert Dubenart
Marisela Fonseca
María Teresa Franco
Jorge Garza Aguilar
Laura Garza Aguilar
Stella María González Cicero
Jesús González Vaquero
José Gutiérrez
Tonatiuh Gutiérrez
Lourdes Herrasti
Gabriel Loera
Roberto Mayer

Bárbara Meyer
Dolores Páez
Ricardo Pérez Escamilla
Manuel Ramos
Héctor Rivero Borrell
José Luis Solana
Salvador Sotomayor
Elías Trabulse
Francisco Valadés
Pilar Verdejo Paris
Juan Pablo Villegas
Roberto Yslas Carmona

Este libro se terminó de imprimir en mayo de 1996, en los Talleres de Artes Gráficas Panorama, en la ciudad de México. Para su formación se utilizaron tipos Adobe Garamond de 13, 11 y 9 puntos. La edición consta de 2 000 ejemplares impresos en papel Magnostar de 150 gramos.